VICTOR HUGO

LES

MISÉRABLES

QUATRIÈME PARTIE

L'IDYLLE RUE PLUMET
ET L'ÉPOPÉE RUE SAINT-DENIS

I

PARIS

PAGNERRE, LIBRAIRE-ÉDITEUR
18 RUE DE SEINE 18

M DCCC LXII

LES
MISÉRABLES

TOME SEPTIÈME

EDITEURS

A. LACROIX, VERBOECKHOVEN ET C°

A BRUXELLES

VICTOR HUGO

LES

MISÉRABLES

QUATRIÈME PARTIE

L'IDYLLE RUE PLUMET
ET L'EPOPÉE RUE SAINT-DENIS

I

PARIS

PAGNERRE, LIBRAIRE-EDITEUR
18 RUE DE SEINE 18

M DCCC LXII

Droits de reproduction et de traduction
reserves.

QUATRIÈME PARTIE

L'IDYLLE RUE PLUMET

ET L'ÉPOPÉE RUE SAINT-DENIS

LIVRE PREMIER

QUELQUES PAGES D'HISTOIRE

I

BIEN COUPÉ

1831 et 1832, les deux années qui se rattachent immédiatement à la révolution de juillet, sont un des moments les plus particuliers et les plus frappants de l'histoire. Ces deux années au milieu de celles qui les précèdent et qui les suivent sont comme deux montagnes. Elles ont la grandeur révolutionnaire. On y distingue des précipices. Les masses sociales, les assises mêmes de la civilisation, le groupe solide des intérêts superposés et adhérents, les profils séculaires de l'antique formation française, y apparaissent et y disparaissent à chaque instant à travers les nuages orageux des systèmes, des passions et des théories. Ces apparitions et ces disparitions ont été nommées la résistance et le mouvement. Par intervalles on y voit luire la vérité, ce jour de l'âme humaine.

Cette remarquable époque est assez circonscrite et commence à s'éloigner assez de nous pour qu'on puisse en saisir dès à présent les lignes principales.

Nous allons l'essayer.

La restauration avait été une de ces phases intermédiaires difficiles à définir, où il y a de la fatigue, du bourdonnement, des murmures, du sommeil, du tumulte, et qui ne sont autre chose que l'arrivée d'une grande nation à une étape. Ces époques sont singulières et trompent les politiques qui veulent les exploiter. Au début, la nation ne demande que le repos; on n'a qu'une soif, la paix; on n'a qu'une ambition, être petit. Ce qui est la traduction de rester tranquille. Les grands événements, les grands hasards, les grandes aventures, les grands hommes, Dieu merci, on en a assez vu, on en a par-dessus la tête. On donnerait César pour Prusias et Napoléon pour le roi d'Yvetot. « Quel bon petit roi c'était là! » On a marché depuis le point du jour, on est au soir d'une longue et rude journée; on a fait le premier relais avec Mirabeau, le second avec Robespierre, le troisième avec Bonaparte, on est éreinté. Chacun demande un lit.

Les dévouements las, les héroïsmes vieillis, les ambitions repues, les fortunes faites cherchent, réclament, implorent, sollicitent, quoi? un gîte. Ils l'ont. Ils prennent possession de la paix, de la tranquillité, du loisir; les voilà contents. Cependant en même temps de certains faits surgissent, se font reconnaître et frappent à la porte de leur côté. Ces faits sont sortis des révolutions et des guerres, ils sont, ils vivent, ils ont droit de s'installer dans la société et ils s'y installent; et la plupart du temps les faits sont des maréchaux des logis et des fourriers qui ne font que préparer le logement aux principes.

Alors voici ce qui apparaît aux philosophes politiques.

En même temps que les hommes fatigués demandent le repos, les faits accomplis demandent des garanties. Les garanties pour les faits c'est la même chose que le repos pour les hommes.

C'est ce que l'Angleterre demandait aux Stuarts après le protecteur ; c'est ce que la France demandait aux Bourbons après l'empire.

Ces garanties sont une nécessité des temps. Il faut bien les accorder. Les princes les « octroient, » mais en réalité c'est la force des choses qui les donne. Vérité profonde et utile à savoir, dont les Stuarts ne se doutèrent pas en 1662, que les Bourbons n'entrevirent même pas en 1814.

La famille prédestinée qui revint en France quand Napoléon s'écroula, eut la simplicité fatale de croire que c'était elle qui donnait, et que ce qu'elle avait donné elle pouvait le reprendre ; que la maison de Bourbon possédait le droit divin, que la France ne possédait rien ; et que le droit politique concédé dans la charte de Louis XVIII n'était autre chose qu'une branche du droit divin, détachée par la maison de Bourbon et gracieusement donnée au peuple jusqu'au jour où il plairait au roi de s'en ressaisir. Cependant, au déplaisir que le don lui faisait, la maison de Bourbon aurait dû sentir qu'il ne venait pas d'elle.

Elle fut hargneuse au dix-neuvième siècle. Elle fit mauvaise mine à chaque épanouissement de la nation. Pour nous servir du mot trivial, c'est-à-dire populaire et vrai, elle rechigna. Le peuple le vit.

Elle crut qu'elle avait de la force parce que l'empire avait été emporté devant elle comme un châssis de théâtre. Elle ne s'aperçut pas qu'elle avait été apportée elle-même de la même façon. Elle ne vit pas qu'elle aussi était dans cette main qui avait ôté de là Napoléon.

Elle crut qu'elle avait des racines parce qu'elle était le passé. Elle se trompait; elle faisait partie du passé, mais tout le passé c'était la France. Les racines de la société française n'étaient point dans les Bourbons, mais dans la nation. Ces obscures et vivaces racines ne constituaient point le droit d'une famille, mais l'histoire d'un peuple. Elles étaient partout, excepté sous le trône.

La maison de Bourbon était pour la France le nœud illustre et sanglant de son histoire, mais n'était plus l'élément principal de sa destinée et la base nécessaire de sa politique. On pouvait se passer des Bourbons; on s'en était passé vingt-deux ans; il y avait eu solution de continuité; ils ne s'en doutaient pas. Et comment s'en seraient-ils doutés, eux qui se figuraient que Louis XVII régnait le 9 thermidor et que Louis XVIII régnait le jour de Marengo? Jamais, depuis l'origine de l'histoire, les princes n'avaient été si aveugles en présence des faits et de la portion d'autorité divine que les faits contiennent et promulguent. Jamais cette prétention d'en bas qu'on appelle le droit des rois n'avait nié à ce point le droit d'en haut.

Erreur capitale qui amena cette famille à remettre la main sur les garanties « octroyées » en 1814, sur les concessions, comme elle les qualifiait. Chose triste! ce qu'elle nommait ses concessions, c'étaient nos conquêtes; ce qu'elle appelait nos empiétements, c'étaient nos droits.

Lorsque l'heure lui sembla venue, la restauration, se supposant victorieuse de Bonaparte et enracinée dans le pays, c'est-à-dire se croyant forte et se croyant profonde, prit brusquement son parti et risqua son coup. Un matin elle se dressa en face de la France, et, élevant la voix, elle contesta le titre collectif et le titre individuel, à la nation la souveraineté, au citoyen la liberté. En d'autres termes, elle nia à la nation ce qui la faisait nation et au citoyen ce qui le faisait citoyen.

C'est là le fond de ces actes fameux qu'on appelle les ordonnances de juillet.

La restauration tomba.

Elle tomba justement. Cependant, disons-le, elle n'avait pas été absolument hostile à toutes les formes du progrès. De grandes choses s'étaient faites, elle étant à côté.

Sous la restauration la nation s'était habituée à la discussion dans le calme, ce qui avait manqué à la république, et à la grandeur dans la paix, ce qui avait manqué à l'empire. La France libre et forte avait été un spectacle encourageant pour les autres peuples de l'Europe. La révolution avait eu la parole sous Robespierre; le canon avait eu la parole sous Bonaparte; c'est sous Louis XVIII et Charles X que vint le tour de parole de l'intelligence. Le vent cessa, le flambeau se ralluma. On vit frissonner sur les cimes sereines la pure lumière des esprits. Spectacle magnifique, utile et charmant. On vit travailler pendant quinze ans, en pleine paix, en pleine place publique, ces grands principes, si vieux pour le penseur, si nouveaux pour l'homme d'État : l'égalité devant la loi, la liberté de la conscience, la liberté de la parole, la liberté de la presse, l'accessibilité de toutes les aptitudes à toutes les fonctions. Cela alla ainsi jusqu'en 1830. Les Bourbons furent un instrument de civilisation qui cassa dans les mains de la Providence.

La chute des Bourbons fut pleine de grandeur, non de leur côté, mais du côté de la nation. Eux quittèrent le trône avec gravité, mais sans autorité; leur descente dans la nuit ne fut pas une de ces disparitions solennelles qui laissent une sombre émotion à l'histoire; ce ne fut ni le calme spectral de Charles Ier, ni le cri d'aigle de Napoléon. Ils s'en allèrent, voilà tout. Ils déposèrent la couronne et ne gardèrent pas d'auréole. Ils furent dignes, mais ils ne furent pas augustes. Ils manquèrent dans une certaine mesure à la majesté de leur malheur. Charles X, pendant le voyage de Cherbourg, faisant couper une table ronde en table carrée, parut plus soucieux de l'étiquette en péril que de la monarchie croulante. Cette diminution attrista les hommes dévoués qui aimaient leurs per-

sonnes et les hommes sérieux qui honoraient leur race. Le peuple, lui, fut admirable. La nation attaquée un matin à main armée par une sorte d'insurrection royale, se sentit tant de force qu'elle n'eut pas de colère. Elle se défendit, se contint, remit les choses à leur place, le gouvernement dans la loi, les Bourbons dans l'exil, hélas! et s'arrêta. Elle prit le vieux roi Charles X sous ce dais qui avait abrité Louis XIV, et le posa à terre doucement. Elle ne toucha aux personnes royales qu'avec tristesse et précaution. Ce ne fut pas un homme, ce ne furent pas quelques hommes, ce fut la France, la France entière, la France victorieuse et enivrée de sa victoire, qui sembla se rappeler et qui pratiqua aux yeux du monde entier ces graves paroles de Guillaume du Vair après la journée des barricades : — « Il est aysé à ceux qui
« ont accoutumé d'effleurer les faveurs des grands
« et saulter, comme un oiseau de branche en
« branche, d'une fortune affligée à une florissante,
« de se montrer hardis contre leur prince en son
« adversité; mais pour moy la fortune de mes roys
« me sera toujours vénérable, et principalement
« des affligés. »

Les Bourbons emportèrent le respect, mais non le regret. Comme nous venons de le dire, leur malheur fut plus grand qu'eux. Ils s'effacèrent à l'horizon.

La révolution de juillet eut tout de suite des amis et des ennemis dans le monde entier. Les uns se précipitèrent vers elle avec enthousiasme et joie, les autres s'en détournèrent, chacun selon sa nature. Les princes de l'Europe, au premier moment, hiboux de cette aube, fermèrent les yeux, blessés et stupéfaits, et ne les rouvrirent que pour menacer. Effroi qui se comprend, colère qui s'excuse. Cette étrange révolution avait à peine été un choc; elle n'avait pas même fait à la royauté vaincue l'honneur de la traiter en ennemie et de verser son sang. Aux yeux des gouvernements despotiques toujours intéressés à ce que la liberté se calomnie elle-même, la révolution de juillet avait le tort d'être formidable et de rester douce. Rien du reste ne fut tenté ni machiné contre elle. Les plus mécontents, les plus irrités, les plus frémissants, la saluaient; quels que soient nos égoïsmes et nos rancunes, un respect mystérieux sort des événements dans lesquels on sent la collaboration de quelqu'un qui travaille plus haut que l'homme.

La révolution de juillet est le triomphe du droit terrassant le fait. Chose pleine de splendeur.

Le droit terrassant le fait. De là l'éclat de la révolution de 1830, de là sa mansuétude aussi. Le droit qui triomphe n'a nul besoin d'être violent.

Le droit, c'est le juste et le vrai.

Le propre du droit, c'est de rester éternellement beau et pur. Le fait, même le plus nécessaire en apparence, même le mieux accepté des contemporains, s'il n'existe que comme fait et s'il ne contient que trop peu de droit ou point du tout de droit, est destiné infailliblement à devenir, avec la durée du temps, difforme, immonde, peut-être même monstrueux. Si l'on veut constater d'un coup à quel degré de laideur le fait peut arriver, vu à la distance des siècles, qu'on regarde Machiavel. Machiavel, ce n'est point un mauvais génie, ni un démon, ni un écrivain lâche et misérable; ce n'est rien que le fait. Et ce n'est pas seulement le fait italien, c'est le fait européen, le fait du seizième siècle. Il semble hideux, et il l'est, en présence de l'idée morale du dix-neuvième.

Cette lutte du droit et du fait dure depuis l'origine des sociétés. Terminer le duel, amalgamer l'idée pure avec la réalité humaine, faire pénétrer pacifiquement le droit dans le fait et le fait dans le droit, voilà le travail des sages.

II

MAL COUSU

Mais autre est le travail des sages, autre est le travail des habiles.

La révolution de 1830 s'était vite arrêtée.

Sitôt qu'une révolution a fait côte, les habiles dépècent l'échouement.

Les habiles, dans notre siècle, se sont décerné à eux-mêmes la qualification d'hommes d'État; si bien que ce mot, homme d'État, a fini par être un peu un mot d'argot. Qu'on ne l'oublie pas en effet, là où il n'y a qu'habileté, il y a nécessairement petitesse. Dire : les habiles, cela revient à dire : les médiocres.

De même que dire : les hommes d'État, cela équivaut quelquefois à dire : les traîtres.

A en croire les habiles donc, les révolutions comme la révolution de juillet sont des artères coupées ; il faut une prompte ligature. Le droit, trop grandement proclamé, ébranle. Aussi, une fois le droit affirmé, il faut raffermir l'État. La liberté assurée, il faut songer au pouvoir.

Ici les sages ne se séparent pas encore des habiles, mais ils commencent à se défier. Le pouvoir, soit. Mais, premièrement, qu'est-ce que le pouvoir? deuxièmement, d'où vient-il?

Les habiles semblent ne pas entendre l'objection murmurée, et ils continuent leur manœuvre.

Selon ces politiques, ingénieux à mettre aux fictions profitables un masque de nécessité, le premier besoin d'un peuple après une révolution, quand ce peuple fait partie d'un continent monarchique, c'est de se procurer une dynastie. De cette façon, disent-ils, il peut avoir la paix après sa révolution, c'est-à-dire le temps de panser ses plaies et de réparer sa maison. La dynastie cache l'échafaudage et couvre l'ambulance.

Or, il n'est pas toujours facile de se procurer une dynastie.

A la rigueur, le premier homme de génie ou même le premier homme de fortune venu suffit pour faire un roi. Vous avez dans le premier cas Bonaparte et dans le second Iturbide.

Mais la première famille venue ne suffit pas pour faire une dynastie. Il y a nécessairement une certaine quantité d'ancienneté dans une race, et la ride des siècles ne s'improvise pas.

Si l'on se place au point de vue des « hommes d'État, » sous toutes réserves bien entendu, après une révolution, quelles sont les qualités du roi qui en sort? Il peut être et il est utile qu'il soit révolutionnaire, c'est-à-dire participant de sa personne à cette révolution, qu'il y ait mis la main, qu'il s'y soit compromis ou illustré, qu'il en ait touché la hache ou manié l'épée.

Quelles sont les qualités d'une dynastie? Elle doit être nationale, c'est-à-dire révolutionnaire à distance, non par des actes commis, mais par les idées acceptées. Elle doit se composer de passé et être historique, se composer d'avenir et être sympathique.

Tout ceci explique pourquoi les premières révolutions se contentent de trouver un homme, Cromwell ou Napoléon; et pourquoi les deuxièmes veulent absolument trouver une famille, la maison de Brunswick ou la maison d'Orléans.

Les maisons royales ressemblent à ces figuiers de l'Inde dont chaque rameau, en se courbant jusqu'à terre, y prend racine et devient un figuier. Chaque branche peut devenir une dynastie. A la seule condition de se courber jusqu'au peuple.

Telle est la théorie des habiles.

Voici donc le grand art : faire un peu rendre à un succès le son d'une catastrophe afin que ceux qui en profitent en tremblent aussi, assaisonner de peur un pas de fait, augmenter la courbe de la transition jusqu'au ralentissement du progrès, affadir cette œuvre, dénoncer et retrancher les âpretés de l'enthousiasme, couper les angles et les ongles, ouater le triomphe, emmitoufler le droit, envelopper le géant-peuple de flanelle et le coucher bien vite, imposer la diète à cet excès de santé, mettre Hercule en traitement de convalescence, délayer l'événement dans l'expédient, offrir aux esprits altérés d'idéal ce nectar étendu de tisane, prendre ses précautions contre le trop de réussite, garnir la révolution d'un abat-jour.

1830 pratiqua cette théorie, déjà appliquée à l'Angleterre par 1688.

1830 est une révolution arrêtée à mi-côte. Moitié de progrès; quasi droit. Or la logique ignore l'à peu près, absolument comme le soleil ignore la chandelle.

Qui arrête les révolutions à mi-côte? La bourgeoisie.

Pourquoi?

Parce que la bourgeoisie est l'intérêt arrivé à satisfaction. Hier c'était l'appétit, aujourd'hui c'est la plénitude, demain ce sera la satiété.

Le phénomène de 1814 après Napoléon se reproduisit en 1830 après Charles X.

On a voulu, à tort, faire de la bourgeoisie une classe. La bourgeoisie est tout simplement la portion contentée du peuple. Le bourgeois, c'est l'homme qui a maintenant le temps de s'asseoir. Une chaise n'est pas une caste.

Mais, pour vouloir s'asseoir trop tôt, on peut arrêter la marche même du genre humain. Cela a été souvent la faute de la bourgeoisie.

On n'est pas une classe parce qu'on fait une faute. L'égoïsme n'est pas une des divisions de l'ordre social.

Du reste, il faut être juste même envers l'égoïsme, l'état auquel aspirait, après la secousse de 1830, cette partie de la nation qu'on nomme la bourgeoisie, ce n'était pas l'inertie, qui se complique d'indifférence et de paresse et qui contient un peu de honte, ce n'était pas le sommeil, qui suppose un oubli momentané accessible aux songes ; c'était la halte.

La halte est un mot formé d'un double sens singulier et presque contradictoire : troupe en marche, c'est-à-dire mouvement ; station, c'est-à-dire repos.

La halte c'est la réparation des forces ; c'est le repos armé et éveillé ; c'est le fait accompli qui pose des sentinelles et se tient sur ses gardes. La halte suppose le combat hier et le combat demain.

C'est l'entre-deux de 1830 et de 1848.

Ce que nous appelons ici combat peut aussi s'appeler progrès.

Il fallait donc à la bourgeoisie, comme aux hommes d'État, un homme qui exprimât ce mot : Halte. Un Quoique Parce que. Une individualité composite, signifiant révolution et signifiant stabilité, en d'autres termes affermissant le présent par la compatibilité évidente du passé avec l'avenir.

Cet homme était « tout trouvé. » Il s'appelait Louis-Philippe d'Orléans.

Les 221 firent Louis-Philippe roi. Lafayette se chargea du sacre. Il le nomma *la meilleure des républiques*. L'hôtel de ville de Paris remplaça la cathédrale de Reims.

Cette substitution d'un demi-trône au trône complet fut « l'œuvre de 1830. »

Quand les habiles eurent fini, le vice immense de leur solution apparut. Tout cela était fait en dehors du droit absolu. Le droit absolu cria : Je proteste ! puis, chose redoutable, il rentra dans l'ombre.

III

LOUIS-PHILIPPE

Les révolutions ont le bras terrible et la main heureuse; elles frappent ferme et choisissent bien. Même incomplètes, même abâtardies et mâtinées, et réduites à l'état de révolution cadette, comme la révolution de 1830, il leur reste presque toujours assez de lucidité providentielle pour qu'elles ne puissent mal tomber. Leur éclipse n'est jamais une abdication.

Pourtant, ne nous vantons pas trop haut ; les révolutions, elles aussi, se trompent, et de graves méprises se sont vues.

Revenons à 1830. 1830, dans sa déviation, eut du bonheur. Dans l'établissement qui s'appela l'ordre après la révolution coupée court, le roi valait mieux que la royauté. Louis-Philippe était un homme rare.

Fils d'un père auquel l'histoire accordera certainement les circonstances atténuantes, mais aussi digne d'estime que ce père avait été digne de blâme ; ayant toutes les vertus privées et plusieurs des vertus publiques ; soigneux de sa santé, de sa fortune, de sa personne, de ses affaires, connaissant le prix d'une minute et pas toujours le prix d'une année ; sobre, serein, paisible, patient ; bonhomme et bon prince ; couchant avec sa femme, et ayant dans son palais des laquais chargés de faire voir le lit conjugal aux bourgeois, ostentation d'alcôve régulière devenue utile après les anciens étalages illégitimes de la branche aînée ; sachant toutes les langues de l'Europe et, ce qui est plus rare, tous les langages de tous les intérêts, et les parlant ; admirable représentant de « la classe moyenne, » mais la dépassant, et de toutes les façons plus grand qu'elle; ayant l'excellent esprit, tout en appréciant le sang dont il sortait, de se compter surtout pour sa valeur intrinsèque, et, sur la question même de sa race, très-particulier, se déclarant Orléans et non Bourbon; très-premier prince du sang tant qu'il n'avait été qu'altesse sérénissime, mais franc bourgeois le jour où il fut majesté; diffus en public, concis dans l'intimité; avare signalé, mais non prouvé; au fond, un de ces économes aisément prodigues pour leur fantaisie ou leur devoir; lettré, et peu sensible aux lettres; gentilhomme, mais non chevalier; simple, calme et fort; adoré de sa famille et de sa maison; causeur séduisant, homme d'État désabusé, intérieurement froid, dominé par l'intérêt immédiat, gouvernant toujours au plus près, incapable de rancune et de reconnaissance, usant sans pitié les supériorités sur les médiocrités, habile à faire donner tort par les majorités parlementaires à ces unanimités mystérieuses qui grondent sourdement sous les trônes; expansif, parfois imprudent dans son expansion, mais d'une merveilleuse adresse dans cette imprudence; fertile en expédients, en

visages, en masques ; faisant peur à la France de
l'Europe et à l'Europe de la France ; aimant incontestablement son pays, mais préférant sa famille ;
prisant plus la domination que l'autorité et l'autorité
que la dignité, disposition qui a cela de funeste que,
tournant tout au succès, elle admet la ruse et ne répudie pas absolument la bassesse, mais qui a cela
de profitable qu'elle préserve la politique des chocs
violents, l'État des fractures et la société des catastrophes ; minutieux, correct, vigilant, attentif, sagace, infatigable ; se contredisant quelquefois, et se
démentant ; hardi contre l'Autriche à Ancône, opiniâtre contre l'Angleterre en Espagne, bombardant
Anvers et payant Pritchard ; chantant avec conviction la Marseillaise ; inaccessible à l'abattement,
aux lassitudes, au goût du beau et de l'idéal, aux
générosités téméraires, à l'utopie, à la chimère, à
la colère, à la vanité, à la crainte ; ayant toutes les
formes de l'intrépidité personnelle ; général à
Valmy, soldat à Jemmapes ; tâté huit fois par le
régicide, et toujours souriant ; brave comme un
grenadier, courageux comme un penseur ; inquiet
seulement devant les chances d'un ébranlement
européen, et impropre aux grandes aventures po-

litiques; toujours prêt à risquer sa vie, jamais son œuvre; déguisant sa volonté en influence afin d'être plutôt obéi comme intelligence que comme roi; doué d'observation et non de divination; peu attentif aux esprits, mais se connaissant en hommes, c'est-à-dire ayant besoin de voir pour juger; bon sens prompt et pénétrant, sagesse pratique, parole facile, mémoire prodigieuse; puisant sans cesse dans cette mémoire, son unique point de ressemblance avec César, Alexandre et Napoléon; sachant les faits, les détails, les dates, les noms propres, ignorant les tendances, les passions, les génies divers de la foule, les aspirations intérieures, les soulèvements cachés et obscurs des âmes, en un mot, tout ce qu'on pourrait appeler les courants invisibles des consciences; accepté par la surface, mais peu d'accord avec la France de dessous; s'en tirant par la finesse; gouvernant trop et ne régnant pas assez; son premier ministre à lui-même; excellant à faire de la petitesse des réalités un obstacle à l'immensité des idées; mêlant à une vraie faculté créatrice de civilisation, d'ordre et d'organisation, on ne sait quel esprit de procédure et de chicane; fondateur et procureur d'une dynastie; ayant quelque chose de Charlemagne et quelque chose d'un avoué ; en somme, figure haute et originale, prince qui sut faire du pouvoir malgré l'inquiétude de la France, et de la puissance malgré la jalousie de l'Europe, Louis-Philippe sera classé parmi les hommes éminents de son siècle, et serait rangé parmi les gouvernants les plus illustres de l'histoire, s'il eût un peu aimé la gloire et s'il eût eu le sentiment de ce qui est grand au même degré que le sentiment de ce qui est utile.

Louis-Philippe avait été beau, et, vieilli, était resté gracieux ; pas toujours agréé de la nation, il l'était toujours de la foule ; il plaisait. Il avait ce don, le charme. La majesté lui faisait défaut ; il ne portait ni la couronne, quoique roi, ni les cheveux blancs, quoique vieillard. Ses manières étaient du vieux régime et ses habitudes du nouveau, mélange du noble et du bourgeois qui convenait à 1830 ; Louis-Philippe était la transition régnante ; il avait conservé l'ancienne prononciation et l'ancienne orthographe qu'il mettait au service des opinions modernes ; il aimait la Pologne et la Hongrie, mais il écrivait *les polonois* et prononçait *les hongrais*. Il portait l'habit de la garde nationale comme

Charles X, et le cordon de la Légion d'honneur comme Napoléon.

Il allait peu à la chapelle, point à la chasse, jamais à l'Opéra. Incorruptible aux sacristains, aux valets de chiens et aux danseuses; cela entrait dans sa popularité bourgeoise. Il n'avait point de cour. Il sortait avec son parapluie sous son bras, et ce parapluie a longtemps fait partie de son auréole. Il était un peu maçon, un peu jardinier et un peu médecin; il saignait un postillon tombé de cheval; Louis-Philippe n'allait pas plus sans sa lancette que Henri III sans son poignard. Les royalistes raillaient ce roi ridicule, le premier qui ait versé le sang pour guérir.

Dans les griefs de l'histoire contre Louis-Philippe, il y a une défalcation à faire; il y a ce qui accuse la royauté, ce qui accuse le règne, et ce qui accuse le roi; trois colonnes qui donnent chacune un total différent. Le droit démocratique confisqué, le progrès devenu le deuxième intérêt, les protestations de la rue réprimées violemment, l'exécution militaire des insurrections, l'émeute passée par les armes, la rue Transnonain, les conseils de guerre, l'absorption du pays réel par le pays légal, le gouvernement de compte à demi avec trois cent mille privilégiés, sont le fait de la royauté; la Belgique refusée, l'Algérie trop durement conquise, et, comme l'Inde par les anglais, avec plus de barbarie que de civilisation, le manque de foi à Abdel-Kader, Blaye, Deutz acheté, Pritchard payé, sont le fait du règne; la politique plus familiale que nationale est le fait du roi.

Comme on voit, le décompte opéré, la charge du roi s'amoindrit.

Sa grande faute, la voici : Il a été modeste au nom de la France.

D'où vient cette faute?

Disons-le.

Louis-Philippe a été un roi trop père; cette incubation d'une famille qu'on veut faire éclore dynastie a peur de tout et n'entend pas être dérangée; de là des timidités excessives, importunes au peuple qui a le 14 juillet dans sa tradition civile et Austerlitz dans sa tradition militaire.

Du reste, si l'on fait abstraction des devoirs publics, qui veulent être remplis les premiers, cette profonde tendresse de Louis-Philippe pour sa famille, la famille la méritait. Ce groupe domestique était admirable. Les vertus y coudoyaient les talents. Une des filles de Louis-Philippe, Marie d'Orléans, mettait le nom de sa race parmi les artistes comme Charles d'Orléans l'avait mis parmi les poëtes. Elle avait fait de son âme un marbre qu'elle avait nommé Jeanne d'Arc. Deux des fils de Louis-Philippe avaient arraché à Metternich cet éloge démagogique : *Ce sont des jeunes gens comme on n'en voit guère et des princes comme on n'en voit pas.*

Voilà, sans rien dissimuler, mais aussi sans rien aggraver, le vrai sur Louis-Philippe.

Être le prince égalité, porter en soi la contradiction de la restauration et de la révolution, avoir ce côté inquiétant du révolutionnaire qui devient rassurant dans le gouvernant, ce fut là la fortune de Louis-Philippe en 1830 ; jamais il n'y eut adaptation plus complète d'un homme à un événement ; l'un entra dans l'autre, et l'incarnation se fit. Louis-Philippe, c'est 1830 fait homme. De plus il avait pour lui cette grande désignation au trône, l'exil. Il avait été proscrit, errant, pauvre. Il avait vécu de son travail. En Suisse, cet apanagiste des plus riches domaines princiers de France avait vendu un vieux cheval pour manger. A Reichenau il avait donné des leçons de mathématiques pendant que sa sœur Adélaïde faisait de la broderie et cousait. Ces souvenirs mêlés à un roi enthousiasmaient la bourgeoisie. Il avait démoli de ses propres mains la dernière cage de fer du Mont-Saint-Michel, bâtie par Louis XI et utilisée par Louis XV. C'était le compagnon de Dumouriez, c'était l'ami de Lafayette; il avait été du club des jacobins ; Mirabeau lui avait frappé sur l'épaule ; Danton lui avait dit : Jeune homme ! A vingt-quatre ans, en 93, étant M. de Chartres, du fond d'une logette obscure de la Convention, il avait assisté au procès de Louis XVI, si bien nommé *ce pauvre tyran*. La clairvoyance aveugle de la révolution, brisant la royauté dans le roi et le roi avec la royauté, sans presque remarquer l'homme dans le farouche écrasement de l'idée, le vaste orage de l'assemblée-tribunal, la colère publique interrogeant, Capet ne sachant que répondre, l'effrayante vacillation stupéfaite de cette tête royale sous ce souffle sombre, l'innocence relative de tous dans cette catastrophe, de ceux qui condamnaient comme de celui qui était condamné, il avait regardé ces choses, il avait contemplé ces vertiges ; il avait vu les siècles comparaître à la barre de la Convention ; il avait vu, derrière Louis XVI, cet infortuné passant responsable, se dresser dans les ténèbres la formidable accusée, la monarchie; et il lui était resté dans l'âme l'épouvante respectueuse de ces immenses justices du peuple presque aussi impersonnelles que la justice de Dieu.

La trace que la révolution avait laissée en lui était prodigieuse. Son souvenir était comme une empreinte vivante de ces grandes années minute par minute. Un jour, devant un témoin dont il nous est impossible de douter, il rectifia de mémoire toute la lettre A de la liste alphabétique de l'Assemblée constituante.

Louis-Philippe a été un roi de plein jour. Lui régnant, la presse a été libre, la tribune a été libre, la conscience et la parole ont été libres. Les lois de septembre sont à claire-voie. Bien que sachant le pouvoir rongeur de la lumière sur les priviléges, il a laissé son trône exposé à la lumière. L'histoire lui tiendra compte de cette loyauté.

Louis-Philippe, comme tous les hommes historiques sortis de scène, est aujourd'hui mis en jugement par la conscience humaine. Son procès n'est encore qu'en première instance.

L'heure où l'histoire parle avec son accent vénérable et libre n'a pas encore sonné pour lui; le moment n'est pas venu de prononcer sur ce roi le jugement définitif; l'austère et illustre historien Louis Blanc a lui-même récemment adouci son premier verdict; Louis-Philippe a été l'élu de ces deux à peu près qu'on appelle les 221 et 1830, c'est-à-dire d'un demi-parlement et d'une demi-révolution; et dans tous les cas, au point de vue supérieur où doit se placer la philosophie, nous ne pourrions le juger ici, comme on a pu l'entrevoir plus haut, qu'avec de certaines réserves au nom du principe démocratique absolu; aux yeux de l'absolu, en dehors de ces deux droits : le droit de l'homme d'abord, le droit du peuple ensuite, tout est usurpation; mais ce que nous pouvons dire dès à présent, ces réserves faites, c'est que, somme toute et de quelque façon qu'on le considère, Louis-Philippe, pris en lui-même, et au point de vue de la bonté humaine, demeurera, pour nous servir du vieux langage de l'ancienne histoire, un des meilleurs princes qui aient passé sur un trône.

Qu'a-t-il contre lui? Ce trône. Otez de Louis-Philippe le roi, il reste l'homme. Et l'homme est bon. Il est bon parfois jusqu'à être admirable. Souvent, au milieu des plus graves soucis, après une journée de lutte contre toute la diplomatie du continent, il rentrait le soir dans son appartement, et là, épuisé de fatigue, accablé de sommeil, que faisait-il? Il prenait un dossier, et il passait sa nuit à réviser un procès criminel, trouvant que c'était quelque chose de tenir tête à l'Europe, mais que c'était une plus grande affaire encore d'arracher un homme au bourreau. Il s'opiniâtrait contre son garde des sceaux; il disputait pied à pied le terrain de la guillotine aux procureurs généraux, *ces bavards de la loi,* comme il les appelait. Quelquefois les dossiers empilés couvraient sa table; il les examinait tous; c'était une angoisse pour lui d'abandonner ces misérables têtes condamnées. Un jour il disait au même témoin que nous avons indiqué tout à l'heure : *Cette nuit, j'en ai gagné sept.* Pendant les premières années de son règne, la peine de mort fut comme abolie, et l'échafaud relevé fut une violence faite au roi. La Grève ayant disparu avec la branche aînée, une Grève bourgeoise fut instituée sous le nom de Barrière Saint-Jacques; les « hommes pratiques » sentirent le besoin d'une guillotine quasi légitime; et ce fut là une des victoires de Casimir Perier, qui représentait les côtés étroits de la bourgeoisie, sur Louis-Philippe, qui en représentait les côtés libéraux. Louis-Philippe avait annoté de sa main Beccaria. Après la machine Fieschi, il s'écriait : *Quel dommage que je n'aie pas été blessé! J'aurais pu faire grâce.* Une autre fois, faisant allusion aux résistances de ses ministres, il écrivait à propos d'un condamné politique qui est une des plus généreuses figures de notre temps : *Sa grâce est accordée, il ne me reste plus qu'à l'obtenir.* Louis-Philippe était doux comme Louis IX et bon comme Henri IV.

Or, pour nous, dans l'histoire où la bonté est la perle rare, qui a été bon passe presque avant qui a été grand.

Louis-Philippe ayant été apprécié sévèrement par les uns, durement peut-être par les autres, il est tout simple qu'un homme, fantôme lui-même aujourd'hui, qui a connu ce roi, vienne déposer pour lui devant l'histoire ; cette déposition, quelle qu'elle soit, est évidemment et avant tout désintéressée ; une épitaphe écrite par un mort est sincère ; une ombre peut consoler une autre ombre ; le partage des mêmes ténèbres donne le droit de louange ; et il est peu à craindre qu'on dise jamais de deux tombeaux dans l'exil : Celui-ci a flatté l'autre.

IV

LÉZARDES SOUS LA FONDATION

Au moment où le drame que nous racontons va pénétrer dans l'épaisseur d'un des nuages tragiques qui couvrent les commencements du règne de Louis-Philippe, il ne fallait pas d'équivoque, et il était nécessaire que ce livre s'expliquât sur ce roi.

Louis-Philippe était entré dans l'autorité royale sans violence, sans action directe de sa part, par le fait d'un virement révolutionnaire, évidemment fort distinct du but réel de la révolution, mais dans lequel lui, duc d'Orléans, n'avait aucune initiative personnelle. Il était né prince et se croyait élu roi. Il ne s'était point donné à lui-même ce mandat; il ne l'avait point pris; on le lui avait offert et il l'avait accepté; convaincu, à tort selon nous, mais convaincu que l'offre était selon le droit et que l'acceptation était selon le devoir. De là une possession de bonne foi. Or, nous le disons en toute conscience, Louis-Philippe étant de bonne foi dans sa possession, et la démocratie étant de bonne foi dans son attaque, la quantité d'épouvante qui se dégage des luttes sociales ne charge ni le roi, ni la démocratie. Un choc de principes ressemble à un choc d'éléments. L'océan défend l'eau, l'ouragan défend l'air; le roi défend la royauté, la démocratie défend le peuple; le relatif, qui est la monarchie, résiste à l'absolu, qui est la république; la société saigne sous ce conflit, mais ce qui est sa souffrance aujourd'hui sera plus tard son salut; et, dans tous les cas, il n'y a point à blâmer ceux qui luttent; un des deux partis évidemment se trompe; le droit n'est pas, comme le colosse de Rhodes, sur deux rivages à la fois, un pied dans la république, un pied dans la royauté; il est indivisible, et tout d'un côté ; mais ceux qui se trompent se trompent sincèrement ; un aveugle n'est pas plus un coupable qu'un vendéen n'est un brigand. N'imputons donc qu'à la fatalité des choses ces collisions redoutables. Quelles que soient ces tempêtes, l'irresponsabilité humaine y est mêlée.

Achevons cet exposé.

Le gouvernement de 1830 eut tout de suite la vie dure. Il dut, né d'hier, combattre aujourd'hui.

A peine installé, il sentait déjà partout de vagues mouvements de traction sur l'appareil de juillet encore si fraîchement posé et si peu solide.

La résistance naquit le lendemain ; peut-être même était-elle née la veille.

De mois en mois, l'hostilité grandit, et de sourde devint patente.

La révolution de juillet, peu acceptée hors de France par les rois, nous l'avons dit, avait été en France diversement interprétée.

Dieu livre aux hommes ses volontés visibles dans les événements, texte obscur écrit dans une langue mystérieuse. Les hommes en font sur-le-champ des traductions ; traductions hâtives, incorrectes, pleines de fautes, de lacunes et de contre-sens. Bien peu d'esprits comprennent la langue divine. Les plus sagaces, les plus calmes, les plus profonds, déchiffrent lentement, et, quand ils arrivent avec leur texte, la besogne est faite depuis longtemps ; il y a déjà vingt traductions sur la place publique. De chaque traduction naît un parti, et de chaque contre-sens une faction ; et chaque parti croit avoir le seul vrai texte, et chaque faction croit posséder la lumière.

Souvent le pouvoir lui-même est une faction.

Il y a dans les révolutions des nageurs à contrecourant, ce sont les vieux partis.

Pour les vieux partis qui se rattachent à l'hérédité par la grâce de Dieu, les révolutions étant sorties du droit de révolte, on a droit de révolte contre elles. Erreur. Car dans les révolutions, le révolté, ce n'est pas le peuple, c'est le roi. Révolution est précisément le contraire de révolte. Toute révolution, étant un accomplissement normal, contient en elle sa légitimité, que de faux révolutionnaires déshonorent quelquefois, mais qui persiste, même souillée, qui survit, même ensanglantée. Les révolutions sortent, non d'un accident, mais de la nécessité. Une révolution est un retour du factice au réel. Elle est parce qu'il faut qu'elle soit.

Les vieux partis légitimistes n'en assaillaient pas moins la révolution de 1830 avec toutes les violences qui jaillissent du faux raisonnement. Les erreurs sont d'excellents projectiles. Ils la frappaient savamment là où elle était vulnérable, au défaut de sa cuirasse, à son manque de logique; ils attaquaient cette révolution dans sa royauté. Ils lui criaient : Révolution, pourquoi ce roi? Les factions sont des aveugles qui visent juste.

Ce cri, les républicains le poussaient également. Mais, venant d'eux, ce cri était logique. Ce qui était cécité chez les légitimistes, était clairvoyance chez les démocrates. 1830 avait fait banqueroute au peuple. La démocratie indignée le lui reprochait.

Entre l'attaque du passé et l'attaque de l'avenir, l'établissement de juillet se débattait. Il représentait la minute, aux prises d'une part avec les siècles monarchiques, d'autre part avec le droit éternel.

En outre, au dehors, n'étant plus la révolution et devenant la monarchie, 1830 était obligé de prendre le pas de l'Europe. Garder la paix, surcroît de complication. Une harmonie voulue à contre-sens est souvent plus onéreuse qu'une guerre. De ce sourd conflit, toujours muselé, mais toujours grondant, naquit la paix armée, ce ruineux expédient de la civilisation suspecte à elle-même. La royauté de juillet se cabrait, malgré qu'elle en eût, dans l'attelage des cabinets européens. Metternich l'eût volontiers mise à la plate-longe. Poussée en France par le progrès, elle poussait en Europe les monarchies, ces tardigrades. Remorquée, elle remorquait.

Cependant, à l'intérieur, paupérisme, prolétariat, salaire, éducation, pénalité, prostitution, sort de la femme, richesse, misère, production, consommation, répartition, échange, monnaie, crédit, droit du capital, droit du travail, toutes ces questions se multipliaient au-dessus de la société; surplomb terrible.

En dehors des partis politiques proprement dits, un autre mouvement se manifestait. A la fermentation démocratique répondait la fermentation philosophique. L'élite se sentait troublée comme la foule; autrement, mais autant.

Des penseurs méditaient, tandis que le sol, c'est-à-dire le peuple, traversé par les courants révolutionnaires, tremblait sous eux avec je ne sais quelles vagues secousses épileptiques. Ces songeurs, les uns isolés, les autres réunis en familles et presque en communion, remuaient les questions sociales, pacifiquement, mais profondément ; mineurs impassibles, qui poussaient tranquillement leurs galeries dans les profondeurs d'un volcan, à peine dérangés par les commotions sourdes et par les fournaises entrevues.

Cette tranquillité n'était pas le moins beau spectacle de cette époque agitée.

Ces hommes laissaient aux partis politiques la question des droits, ils s'occupaient de la question du bonheur.

Le bien-être de l'homme, voilà ce qu'ils voulaient extraire de la société.

Ils élevaient les questions matérielles, les questions d'agriculture, d'industrie, de commerce, presque à la dignité d'une religion. Dans la civilisation telle qu'elle se fait, un peu par Dieu, beaucoup par l'homme, les intérêts se combinent, s'agrégent et s'amalgament de manière à former une véritable roche dure, selon une loi dynamique patiemment étudiée par les économistes, ces géologues de la politique.

Ces hommes qui se groupaient sous des appellations différentes, mais qu'on peut désigner tous par le titre générique de socialistes, tâchaient de percer cette roche et d'en faire jaillir les eaux vives de la félicité humaine.

Depuis la question de l'échafaud jusqu'à la question de la guerre, leurs travaux embrassaient tout. Au droit de l'homme, proclamé par la révolution française, ils ajoutaient le droit de la femme et le droit de l'enfant.

On ne s'étonnera pas que, pour des raisons diverses, nous ne traitions pas ici à fond, au point de vue théorique, les questions soulevées par le socialisme. Nous nous bornons à les indiquer.

Tous les problèmes que les socialistes se proposaient, les visions cosmogoniques, la rêverie et le mysticisme écartés, peuvent être ramenés à deux problèmes principaux.

Premier problème :
Produire la richesse.
Deuxième problème :

La répartir.

Le premier problème contient la question du travail.

Le deuxième contient la question du salaire.

Dans le premier problème il s'agit de l'emploi des forces.

Dans le second de la distribution des jouissances.

Du bon emploi des forces résulte la puissance publique.

De la bonne distribution des jouissances résulte le bonheur individuel.

Par bonne distribution, il faut entendre non distribution égale, mais distribution équitable. La première égalité, c'est l'équité.

De ces deux choses combinées, puissance publique au dehors, bonheur individuel au dedans, résulte la prospérité sociale.

Prospérité sociale, cela veut dire l'homme heureux, le citoyen libre, la nation grande.

L'Angleterre résout le premier de ces deux problèmes. Elle crée admirablement la richesse; elle la répartit mal. Cette solution qui n'est complète que d'un côté la mène fatalement à ces deux extrêmes: opulence monstrueuse, misère monstrueuse.

Toutes les jouissances à quelques-uns, toutes les privations aux autres, c'est-à-dire, au peuple; le privilége, l'exception, le monopole, la féodalité, naissant du travail même. Situation fausse et dangereuse qui assoit la puissance publique sur la misère privée, qui enracine la grandeur de l'État dans les souffrances de l'individu. Grandeur mal composée où se combinent tous les éléments matériels et dans laquelle n'entre aucun élément moral.

Le communisme et la loi agraire croient résoudre le deuxième problème. Ils se trompent. Leur répartition tue la production. Le partage égal abolit l'émulation. Et par conséquent le travail. C'est une répartition faite par le boucher, qui tue ce qu'il partage. Il est donc impossible de s'arrêter à ces prétendues solutions. Tuer la richesse, ce n'est pas la répartir.

Les deux problèmes veulent être résolus ensemble pour être bien résolus. Les deux solutions veulent être combinées et n'en faire qu'une.

Ne résolvez que le premier des deux problèmes, vous serez Venise, vous serez l'Angleterre. Vous aurez comme Venise une puissance artificielle, ou comme l'Angleterre une puissance matérielle; vous serez le mauvais riche. Vous périrez par une voie de fait, comme est morte Venise, ou par une banqueroute, comme tombera l'Angleterre. Et le monde vous laissera mourir et tomber, parce que le monde laisse tomber et mourir tout ce qui n'est que l'égoïsme, tout ce qui ne représente pas pour le genre humain une vertu ou une idée.

Il est bien entendu ici que par ces mots, Venise, l'Angleterre, nous désignons non des peuples, mais des constructions sociales ; les oligarchies superposées aux nations, et non les nations elles-mêmes. Les nations ont toujours notre respect et notre sympathie. Venise, peuple, renaîtra; l'Angleterre, aristocratie, tombera, mais l'Angleterre, nation, est immortelle. Cela dit, nous poursuivons.

Résolvez les deux problèmes, encouragez le riche et protégez le pauvre, supprimez la misère, mettez un terme à l'exploitation injuste du faible par le fort, mettez un frein à la jalousie inique de celui qui est en route contre celui qui est arrivé, ajustez mathématiquement et fraternellement le salaire au travail, mêlez l'enseignement gratuit et obligatoire à la croissance de l'enfance et faites de la science la base de la virilité, développez les intelligences tout en occupant les bras, soyez à la fois un peuple puissant et une famille d'hommes heureux, démocratisez la propriété, non en l'abolissant, mais en l'universalisant, de façon que tout citoyen sans exception soit propriétaire, chose plus facile qu'on ne croit, en deux mots sachez produire la richesse et sachez la répartir, et vous aurez tout ensemble la grandeur matérielle et la grandeur morale; et vous serez dignes de vous appeler la France.

Voilà, en dehors et au-dessus de quelques sectes qui s'égaraient, ce que disait le socialisme; voilà ce qu'il cherchait dans les faits, voilà ce qu'il ébauchait dans les esprits.

Efforts admirables! tentatives sacrées!

Ces doctrines, ces théories, ces résistances, la nécessité inattendue pour l'homme d'État de compter avec les philosophes, de confuses évidences entrevues, une politique nouvelle à créer, d'accord avec le vieux monde sans trop de désaccord avec l'idéal révolutionnaire, une situation dans laquelle il fallait user Lafayette à défendre Polignac, l'intuition du progrès transparent sous l'émeute, les chambres et la rue, les compétitions à équilibrer autour de lui, sa foi dans la révolution, peut-être on ne sait quelle résignation éventuelle née de la vague acceptation d'un droit définitif supérieur, sa volonté de rester de sa race, son esprit de famille, son sincère respect du peuple, sa propre honnêteté, préoccupaient Louis-Philippe presque douloureusement, et par instants, si fort et si courageux qu'il fût, l'accablaient sous la difficulté d'être roi.

Il sentait sous ses pieds une désagrégation redoutable, qui n'était pourtant pas une mise en poussière, la France étant plus France que jamais.

De ténébreux amoncellements couvraient l'horizon. Une ombre étrange, gagnant de proche en proche, s'étendait peu à peu sur les hommes, sur les choses, sur les idées ; ombre qui venait des colères et des systèmes. Tout ce qui avait été hâtivement étouffé remuait et fermentait. Parfois la conscience de l'honnête homme reprenait sa respiration tant il y avait de malaise dans cet air où les sophismes se mêlaient aux vérités. Les esprits tremblaient dans l'anxiété sociale comme les feuilles à l'approche de l'orage. La tension électrique était telle qu'à de certains instants le premier venu, un inconnu, éclairait. Puis l'obscurité crépusculaire retombait. Par intervalles, de profonds et sourds grondements pouvaient faire juger de la quantité de foudre qu'il y avait dans la nuée.

Vingt mois à peine s'étaient écoulés depuis la révolution de juillet, l'année 1832 s'était ouverte avec un aspect d'imminence et de menace. La détresse du peuple, les travailleurs sans pain, le dernier prince de Condé disparu dans les ténèbres, Bruxelles chassant les Nassau comme Paris les Bourbons, la Belgique s'offrant à un prince français et donnée à un prince anglais, la haine russe de Nicolas, derrière nous deux démons du midi, Ferdinand en Espagne, Miguel en Portugal, la terre tremblant en Italie, Metternich étendant la main sur Bologne, la France brusquant l'Autriche à Ancône, au nord on ne sait quel sinistre bruit de marteau reclouant la Pologne dans son cercueil, dans toute l'Europe des regards irrités guettant la France, l'Angleterre, alliée suspecte, prête à pousser ce qui pencherait et à se jeter sur ce qui tomberait, la pairie s'abritant derrière Beccaria pour refuser quatre têtes à la loi, les fleurs de lys raturées sur la voiture du roi, la croix arrachée de Notre-Dame, Lafayette amoindri, Laffitte ruiné, Benjamin Constant mort dans l'indigence, Casimir Perier mort dans l'épuisement du pouvoir; la maladie politique et la maladie sociale se déclarant à la fois dans les deux capitales du royaume, l'une la ville de la pensée, l'autre la ville du travail; à Paris la guerre civile, à Lyon la guerre servile; dans les deux cités la même lueur de fournaise; une pourpre de cratère au front du peuple; le midi fanatisé, l'ouest troublé, la duchesse de Berry dans la Vendée, les complots, les conspirations, les soulèvements, le choléra, ajoutaient à la sombre rumeur des idées le sombre tumulte des événements.

.

V

FAITS D'OÙ L'HISTOIRE SORT ET QUE L'HISTOIRE
IGNORE

Vers la fin d'avril, tout s'était aggravé. La fermentation devenait du bouillonnement. Depuis 1830, il y avait eu çà et là de petites émeutes partielles, vite comprimées, mais renaissantes, signe d'une vaste conflagration sous-jacente. Quelque chose de terrible couvait. On entrevoyait les linéaments encore peu distincts et mal éclairés d'une révolution possible. La France regardait Paris; Paris regardait le faubourg Saint-Antoine.

Le faubourg Saint-Antoine, sourdement chauffé, entrait en ébullition.

Les cabarets de la rue de Charonne étaient, quoique la jonction de ces deux épithètes semble singulière appliquée à des cabarets, graves et orageux.

Le gouvernement y était purement et simplement mis en question. On y discutait publiquement *la chose pour se battre ou pour rester tranquille.* Il y avait des arrière-boutiques où l'on faisait jurer à des ouvriers qu'ils se trouveraient dans la rue au premier cri d'alarme, et « qu'ils se battraient sans compter le nombre des ennemis. » Une fois l'engagement pris, un homme assis dans un coin du cabaret « faisait une voix sonore » et disait : *Tu l'entends! tu l'as juré!* Quelquefois on montait au premier étage dans une chambre close, et là il se passait des scènes presque maçonniques. On faisait prêter à l'initié des serments *pour lui rendre service ainsi qu'aux pères de famille.* C'était la formule.

Dans les salles basses on lisait des brochures

« subversives. » *Ils crossaient le gouvernement,* dit un rapport secret du temps.

On y entendait des paroles comme celles-ci : — *Je ne sais pas les noms des chefs. Nous autres, nous ne saurons le jour que deux heures d'avance.* — Un ouvrier disait : — *Nous sommes trois cents, mettons chacun dix sous, cela fera cent cinquante francs pour fabriquer des balles et de la poudre.* — Un autre disait : — *Je ne demande pas six mois, je n'en demande pas deux. Avant quinze jours nous serons en parallèle avec le gouvernement. Avec vingt-cinq mille hommes on peut se mettre en face.* — Un autre disait : — *Je ne me couche pas parce que je fais des cartouches la nuit.* — De temps en temps des hommes « en bourgeois et en beaux habits » venaient, « faisant des embarras, » et ayant l'air « de commander, » donnaient des poignées de main *aux plus importants,* et s'en allaient. Ils ne restaient jamais plus de dix minutes. On échangeait à voix basse des propos significatifs : — *Le complot est mûr, la chose est comble.* — « C'était bourdonné par tous ceux qui étaient là, » pour emprunter l'expression même d'un des assistants. L'exaltation était telle qu'un jour, en plein cabaret, un ouvrier s'écria : — *Nous n'avons pas d'armes!* — Un de ses camarades répondit : — *Les soldats en ont!* — parodiant ainsi, sans s'en douter, la proclamation de Bonaparte à l'armée d'Italie. — « Quand ils avaient quelque chose de « plus secret, ajoute un rapport, ils ne se le com- « muniquaient pas là. » On ne comprend guère ce qu'ils pouvaient cacher après avoir dit ce qu'ils disaient.

Les réunions étaient quelquefois périodiques. A de certaines, on n'était jamais plus de huit ou dix, et toujours les mêmes. Dans d'autres, entrait qui voulait, et la salle était si pleine qu'on était forcé de se tenir debout. Les uns s'y trouvaient par enthousiasme et passion ; les autres parce que *c'était leur chemin pour aller au travail.* Comme pendant la révolution, il y avait dans ces cabarets des femmes patriotes qui embrassaient les nouveaux venus.

D'autres faits expressifs se faisaient jour.

Un homme entrait dans un cabaret, buvait, et sortait en disant : *Marchand de vin, ce qui est dû, la révolution le payera.*

Chez un cabaretier en face de la rue de Charonne

on nommait des agents révolutionnaires. Le scrutin se faisait dans des casquettes.

Des ouvriers se réunissaient chez un maître d'escrime qui donnait des assauts rue de Cotte. Il y avait là un trophée d'armes formé d'espadons en bois, de cannes, de bâtons et de fleurets. Un jour on démoucheta les fleurets. Un ouvrier disait : — *Nous sommes vingt-cinq, mais on ne compte pas sur moi, parce qu'on me regarde comme une machine.* — Cette machine a été plus tard Quénisset.

Les choses quelconques qui se préméditaient prenaient peu à peu on ne sait quelle étrange notoriété. Une femme balayant sa porte disait à une autre femme : — *Depuis longtemps on travaille à force à faire des cartouches.* — On lisait en pleine rue des proclamations adressées aux gardes nationales des départements. Une de ces proclamations était signée : *Burtot, marchand de vin.*

Un jour à la porte d'un liquoriste du marché Lenoir, un homme ayant un collier de barbe et l'accent italien montait sur une borne et lisait à haute voix un écrit singulier qui semblait émaner d'un pouvoir occulte. Des groupes s'étaient formés autour de lui et applaudissaient. Les passages qui remuaient le plus la foule ont été recueillis et notés. — « ... Nos doctrines sont entravées, nos proclamations sont déchirées, nos afficheurs sont guettés et jetés en prison... » « La débâcle qui vient d'avoir lieu dans les cotons nous a converti plusieurs juste-milieu. » — « ... L'avenir des peuples s'élabore dans nos rangs obscurs. » — « ... Voici les termes posés : action ou réaction, révolution ou contre-révolution. Car, à notre époque, on ne croit plus à l'inertie ni à l'immobilité. Pour le peuple ou contre le peuple, c'est la question. Il n'y en a pas d'autre. » « ... Le jour où nous ne vous conviendrons plus, cassez-nous, mais jusque-là aidez-nous à marcher. » Tout cela en plein jour.

D'autres faits, plus audacieux encore, étaient suspects au peuple à cause de leur audace même. Le 4 avril 1832, un passant montait sur la borne qui fait l'angle de la rue Sainte-Marguerite et criait : *Je suis babouviste!* Mais sous Babeuf le peuple flairait Gisquet.

Entre autres choses, ce passant disait :

— « A bas la propriété! L'opposition de gauche est lâche et traître. Quand elle veut avoir raison, elle prêche la révolution. Elle est démocrate pour n'être pas battue, et royaliste pour ne pas combattre. Les républicains sont des bêtes à plumes. Défiez-vous des républicains, citoyens travailleurs. »

— Silence, citoyen mouchard! cria un ouvrier.

Ce cri mit fin au discours.

Des incidents mystérieux se produisaient.

A la chute du jour, un ouvrier rencontrait près du canal « un homme bien mis » qui lui disait : — Où vas-tu, citoyen? — Monsieur, répondait l'ouvrier, je n'ai pas l'honneur de vous connaître. — Je te connais bien, moi. Et l'homme ajoutait : — Ne crains pas. Je suis l'agent du comité. On te soupçonne de n'être pas bien sûr. Tu sais que si tu révélais quelque chose, on a l'œil sur toi. — Puis il donnait à l'ouvrier une poignée de main et s'en allait en disant : — Nous nous reverrons bientôt.

La police, aux écoutes, recueillait, non plus seulement dans les cabarets, mais dans la rue, des dialogues singuliers : — Fais-toi recevoir bien vite, disait un tisserand à un ébéniste.

— Pourquoi?

— Il va y avoir un coup de feu à faire.

Deux passants en haillons échangeaient ces répliques remarquables, grosses d'une apparente jacquerie :

— Qui nous gouverne?

— C'est monsieur Philippe.

— Non, c'est la bourgeoisie.

On se tromperait si l'on croyait que nous prenons le mot jacquerie en mauvaise part. Les jacques, c'étaient les pauvres.

Une autre fois, on entendait passer deux hommes dont l'un disait à l'autre : — Nous avons un bon plan d'attaque.

D'une conversation intime entre quatre hommes accroupis dans un fossé du rond-point de la barrière du Trône, on ne saisissait que ceci :

— On fera le possible pour qu'il ne se promène plus dans Paris.

Qui, *il?* Obscurité menaçante.

« Les principaux chefs, » comme on disait dans le faubourg, se tenaient à l'écart. On croyait qu'ils se réunissaient pour se concerter, dans un cabaret près de la pointe Saint-Eustache. Un nommé Aug. —, chef de la société des Secours pour les tailleurs, rue Mondétour, passait pour servir d'intermédiaire central entre les chefs et le faubourg Saint-Antoine. Néanmoins, il y eut toujours beaucoup d'ombre sur ces chefs, et aucun fait certain ne put infirmer la fierté singulière de cette réponse faite plus tard par un accusé devant la Cour des pairs :

— Quel était votre chef?

— *Je n'en connaissais pas, et je n'en reconnaissais pas.*

Ce n'étaient guère encore que des paroles, transparentes, mais vagues; quelquefois des propos en l'air, des on dit, des ouï-dire. D'autres indices survenaient.

Un charpentier, occupé rue de Reuilly à clouer les planches d'une palissade autour d'un terrain où s'élevait une maison en construction, trouvait dans ce terrain un fragment de lettre déchirée où étaient encore lisibles les lignes que voici :

— « ... Il faut que le comité prenne des me-
« sures pour empêcher le recrutement dans les
« sections pour les différentes sociétés... »

Et en post-scriptum :

« Nous avons appris qu'il y avait des fusils rue
« du Faubourg-Poissonnière, n° 5 (bis), au nom-
« bre de cinq ou six mille chez un armurier dans
« cette cour. La section ne possède point d'armes. »

Ce qui fit que le charpentier s'émut et montra la chose à ses voisins, c'est qu'à quelques pas plus loin il ramassa un autre papier également déchiré et plus significatif encore, dont nous reproduisons la configuration à cause de l'intérêt historique de ces étranges documents :

Q	C	D	E	*Apprenez cette liste par cœur. Après, vous la déchirerez. Les hommes admis en feront autant lorsque vous leur aurez transmis des ordres.*
				     Salut et fraternité.
				                                              L.
				u og a¹ fe

Les personnes qui furent alors dans le secret de cette trouvaille n'ont connu que plus tard le sous-entendu de ces quatre majuscules : *quinturions, centurions, décurions, éclaireurs,* et le sens de ces lettres : *u og a¹ fe* qui était une date et qui voulait dire *ce 15 avril 1832.* Sous chaque majuscule étaient inscrits des noms suivis d'indications très-caractéristiques. Ainsi : — Q. *Bannerel.* 8 fusils. 83 cartouches. Homme sûr. — C. *Boubière.* 1 pistolet. 40 cartouches. — D. *Rollet.* 1 fleuret. 1 pistolet. 1 livre de poudre. — E. *Teis-*

sier. 1 sabre. 1 giberne. Exact. — *Terreur*. 8 fusils. Brave, etc.

Enfin ce charpentier trouva, toujours dans le même enclos, un troisième papier sur lequel était écrite au crayon, mais très lisiblement, cette espèce de liste énigmatique :

Unité. Blanchard : arbre-sec. 6.

Barra. Soize. Salle-au-Comte.

Kosciusko. Aubry le boucher?

J. J. R.

Caïus Gracchus.

Droit de révision. Dufond. Four.

Chute des Girondins. Derbac. Maubuée.

Washington. Pinson. 1 pist. 86 cart.

Marseillaise.

Souver. du peuple. Michel. Quincampoix. Sabre. Hoche.

Marceau. Platon. Arbre-sec.

Varsovie. Tilly, crieur du *Populaire*.

L'honnête bourgeois entre les mains duquel cette liste était demeurée en sut la signification. Il paraît que cette liste était la nomenclature complète des sections du quatrième arrondissement de la société des Droits de l'Homme, avec les noms et les demeures des chefs de sections. Aujourd'hui que tous ces faits restés dans l'ombre ne sont plus que de l'histoire, on peut les publier. Il faut ajouter que la fondation de la société des Droits de l'Homme semble avoir été postérieure à la date où ce papier fut trouvé. Peut-être n'était-ce qu'une ébauche.

Cependant, après les propos et les paroles, après les indices écrits, des faits matériels commençaient à percer.

Rue Popincourt, chez un marchand de bric-à-brac, on saisissait dans le tiroir d'une commode sept feuilles de papier gris toutes également pliées en long et en quatre; ces feuilles recouvraient vingt-six carrés de ce même papier gris pliés en forme de cartouche, et une carte sur laquelle on lisait ceci :

Salpêtre,   12 onces.
Soufre,   2 onces.
Charbon,   2 onces et demie.
Eau,   2 onces.

Le procès-verbal de saisie constatait que le tiroir exhalait une forte odeur de poudre.

Un maçon revenant, sa journée faite, oubliait un petit paquet sur un banc près du pont d'Austerlitz. Ce paquet était porté au corps de garde. On l'ouvrait et l'on y trouvait deux dialogues imprimés, signés *Lahautière,* une chanson intitulée : *Ouvriers, associez-vous,* et une boîte de fer-blanc pleine de cartouches.

Un ouvrier buvant avec un camarade lui faisait tâter comme il avait chaud; l'autre sentait un pistolet sous sa veste.

Dans un fossé sur le boulevard, entre le Père-Lachaise et la barrière du Trône, à l'endroit le plus désert, des enfants, en jouant, découvraient sous un tas de copeaux et d'épluchures un sac qui contenait un moule à balles, un mandrin en bois à faire des cartouches, une sébile dans laquelle il y avait des grains de poudre de chasse et une petite marmite en fonte dont l'intérieur offrait des traces évidentes de plomb fondu.

Des agents de police, pénétrant à l'improviste à cinq heures du matin chez un nommé Pardon, qui fut plus tard sectionnaire de la section Barricade-Merry et se fit tuer dans l'insurrection d'avril 1834, le trouvaient debout près de son lit, tenant à la main des cartouches qu'il était en train de faire.

Vers l'heure où les ouvriers se reposent, deux hommes étaient vus se rencontrant entre la barrière Picpus et la barrière Charenton dans un petit chemin de ronde entre deux murs près d'un cabaretier qui a un jeu de Siam devant sa porte. L'un tirait de dessous sa blouse et remettait à l'autre un pistolet. Au moment de le lui remettre il s'apercevait que la transpiration de sa poitrine avait communiqué quelque humidité à la poudre. Il amorçait le pistolet et ajoutait de la poudre à celle qui était déjà dans le bassinet. Puis les deux hommes se quittaient.

Un nommé Gallais, tué plus tard rue Beaubourg dans l'affaire d'avril, se vantait d'avoir chez lui sept cents cartouches et vingt-quatre pierres à fusil.

Le gouvernement reçut un jour l'avis qu'il venait d'être distribué des armes au faubourg et deux cent mille cartouches. La semaine d'après trente mille cartouches furent distribuées. Chose remarquable, la police n'en put saisir aucune. Une lettre interceptée portait : — « Le jour n'est pas loin où

« en quatre heures d'horloge quatre-vingt mille
« patriotes seront sous les armes. »

Toute cette fermentation était publique, on pourrait presque dire tranquille. L'insurrection imminente apprêtait son orage avec calme en face du gouvernement. Aucune singularité ne manquait à cette crise encore souterraine, mais déjà perceptible. Les bourgeois parlaient paisiblement aux ouvriers de ce qui se préparait. On disait : Comment va l'émeute? du ton dont on eût dit : Comment va votre femme?

Un marchand de meubles, rue Moreau, demandait : — Eh bien, quand attaquez-vous?

Un autre boutiquier disait :

— On attaquera bientôt, je le sais. Il y a un mois vous étiez quinze mille, maintenant vous êtes vingt-cinq mille. Il offrait son fusil, et un voisin offrait un petit pistolet qu'il voulait vendre sept francs.

Du reste, la fièvre révolutionnaire gagnait. Aucun point de Paris ni de la France n'en était exempt. L'artère battait partout. Comme ces membranes qui naissent de certaines inflammations et se forment dans le corps humain, le réseau des sociétés secrètes commençait à s'étendre sur le pays. De l'association des Amis du peuple, publique et secrète tout à la fois, naissait la société des Droits de l'Homme, qui datait ainsi un de ses ordres du jour : *Pluviôse, an 40 de l'ère républicaine,* qui devait survivre même à des arrêts de cour d'assises prononçant sa dissolution, et qui n'hésitait pas à donner à ses sections des noms significatifs tels que ceux-ci ?

Des piques.
Tocsin.
Canon d'alarme.
Bonnet phrygien.
21 janvier.
Des Gueux.
Des Truands.
Marche en avant.
Robespierre.
Niveau.
Ça ira.

La société des Droits de l'Homme engendrait la société d'Action. C'étaient les impatients qui se détachaient et couraient devant. D'autres associations cherchaient à se recruter dans les grandes sociétés mères. Les sectionnaires se plaignaient d'être tiraillés. Ainsi *la société Gauloise* et *le comité organisateur des municipalités*. Ainsi les associations pour *la liberté de la presse,* pour *la liberté individuelle,* pour *l'instruction du peuple,* contre *les impôts indirects.* Puis la société des Ouvriers Égalitaires qui se divisait en trois fractions, les égalitaires, les communistes, les réformistes. Puis l'Armée des Bastilles, une espèce de cohorte organisée militairement, quatre hommes commandés par un caporal, dix par un sergent, vingt par un sous-lieutenant, quarante par un lieutenant ; il n'y avait jamais plus de cinq hommes qui se connussent. Création où la précaution est combinée avec l'audace et qui semble empreinte du génie de Venise. Le comité central qui était la tête, avait deux bras, la société d'Action et l'Armée des Bastilles. Une association légitimiste, les Chevaliers de la Fidélité, remuait parmi ces affiliations républicaines. Elle y était dénoncée et répudiée.

Les sociétés parisiennes se ramifiaient dans les principales villes. Lyon, Nantes, Lille et Marseille avaient leur société des Droits de l'Homme, la Charbonnière, les Hommes libres. Aix avait une société révolutionnaire qu'on appelait la Cougourde. Nous avons déjà prononcé ce mot.

A Paris, le faubourg Saint-Marceau n'était guère moins bourdonnant que le faubourg Saint-Antoine, et les écoles pas moins émues que les faubourgs. Un café de la rue Saint-Hyacinthe et l'estaminet des Sept Billards, rue des Mathurins-Saint-Jacques, servaient de lieux de ralliement aux étudiants. La société des Amis de l'A B C, affiliée aux mutuellistes d'Angers et à la Cougourde d'Aix, se réunissait, on l'a vu, au café Musain. Ces mêmes jeunes gens se retrouvaient aussi, nous l'avons dit, dans un restaurant-cabaret près de la rue Mondétour qu'on appelait Corinthe. Ces réunions étaient secrètes. D'autres étaient aussi publiques que possible, et l'on peut juger de ces hardiesses par ce fragment d'un interrogatoire subi dans un des procès ultérieurs :
— Où se tint cette réunion? — Rue de la Paix. — Chez qui? — Dans la rue. — Quelles sections étaient là? — Une seule. — Laquelle? — La section Manuel. — Qui était le chef? — Moi. — Vous êtes trop jeune pour avoir pris tout seul ce grave parti d'attaquer le gouvernement. D'où vous venaient vos instructions? — Du comité central.

L'armée était minée en même temps que la population, comme le prouvèrent plus tard les mouvements de Béford, de Lunéville et d'Épinal. On comptait sur le cinquante-deuxième régiment, sur le cinquième, sur le huitième, sur le trente-septième, et sur le vingtième léger. En Bourgogne et dans les villes du midi on plantait *l'arbre de la Liberté*. C'est à dire un mât surmonté d'un bonnet rouge.

Telle était la situation.

Cette situation, le faubourg Saint-Antoine, plus que tout autre groupe de population, comme nous l'avons dit en commençant, la rendait sensible et l'accentuait. C'est là qu'était le point de côté.

Ce vieux faubourg, peuplé comme une fourmilière, laborieux, courageux et colère comme une ruche, frémissait dans l'attente et dans le désir d'une commotion. Tout s'y agitait sans que le travail fût pour cela interrompu. Rien ne saurait donner l'idée de cette physionomie vive et sombre. Il y a dans ce faubourg de poignantes détresses cachées sous le toit des mansardes ; il y a là aussi des intelligences ardentes et rares. C'est surtout en fait de détresse et d'intelligence qu'il est dangereux que les extrêmes se touchent.

Le faubourg Saint-Antoine avait encore d'autres causes de tressaillement; car il reçoit le contre-coup des crises commerciales, des faillites, des grèves, des chômages, inhérents aux grands ébranlements politiques. En temps de révolution la misère est à la fois cause et effet. Le coup qu'elle frappe lui revient. Cette population, pleine de vertu fière, capable au plus haut point de calorique latent, toujours prête aux prises d'armes, prompte aux explosions, irritée, profonde, minée, semblait n'attendre que la chute d'une flammèche. Toutes les fois que de certaines étincelles flottent sur l'horizon, chassées par le vent des événements, on ne peut s'empêcher de songer au faubourg Saint-Antoine et au redoutable hasard qui a placé aux portes de Paris cette poudrière de souffrances et d'idées.

Les cabarets du *faubourg Antoine,* qui se sont plus d'une fois dessinés dans l'esquisse qu'on vient de lire, ont une notoriété historique. En temps de troubles on s'y enivre de paroles plus que de vin. Une sorte d'esprit prophétique et une effluve d'avenir y circule, enflant les cœurs et grandissant les âmes. Les cabarets du faubourg Antoine ressemblent à ces tavernes du mont Aventin bâties sur l'antre de la sibylle et communiquant avec les profonds souffles sacrés; tavernes dont les tables étaient presque des trépieds, et où l'on buvait ce qu'Ennius appelle *le vin sibyllin.*

Le faubourg Saint-Antoine est un réservoir de peuple. L'ébranlement révolutionnaire y fait des fissures par où coule la souveraineté populaire. Cette souveraineté peut mal faire; elle se trompe comme toute autre; mais, même fourvoyée, elle reste grande. On peut dire d'elle comme du cyclope aveugle, *Ingens.*

En 93, selon que l'idée qui flottait était bonne ou mauvaise, selon que c'était le jour du fanatisme ou de l'enthousiasme, il partait du faubourg Saint-Antoine tantôt des légions sauvages, tantôt des bandes héroïques.

Sauvages. Expliquons-nous sur ce mot. Ces hommes hérissés qui, dans les jours génésiaques du chaos révolutionnaire, déguenillés, hurlants, farouches, le casse-tête levé, la pique haute, se ruaient sur le vieux Paris bouleversé, que voulaient-ils ? Ils voulaient la fin des oppressions, la fin des tyrannies, la fin du glaive, le travail pour l'homme, l'instruction pour l'enfant, la douceur sociale pour la femme, la liberté, l'égalité, la fraternité, le pain pour tous, l'idée pour tous, l'Édénisation du monde, le Progrès ; et cette chose sainte, bonne et douce, le progrès, poussés à bout, hors d'eux-mêmes, ils la réclamaient terribles, demi-nus, la massue au poing, le rugissement à la bouche. C'étaient les sauvages, oui ; mais les sauvages de la civilisation.

Ils proclamaient avec furie le droit ; ils voulaient, fût-ce par le tremblement et l'épouvante, forcer le genre humain au paradis. Ils semblaient des barbares et ils étaient des sauveurs. Ils réclamaient la lumière avec le masque de la nuit.

En regard de ces hommes, farouches, nous en convenons, et effrayants, mais farouches et effrayants pour le bien, il y a d'autres hommes, souriants, brodés, dorés, enrubannés, constellés, en bas de soie, en plumes blanches, en gants jaunes, en souliers vernis, qui, accoudés à une table de velours au coin d'une cheminée de marbre, insistent doucement pour le maintien et la conservation du passé, du moyen âge, du droit divin, du fanatisme, de l'ignorance, de l'esclavage, de la peine de mort, de la guerre, glorifiant à demi-voix et avec politesse le sabre, le bûcher et l'échafaud. Quant à nous, si nous étions forcé à l'option entre les barbares de la civilisation et les civilisés de la barbarie, nous choisirions les barbares.

Mais, grâce au ciel, un autre choix est possible. Aucune chute à pic n'est nécessaire, pas plus en avant qu'en arrière. Ni despotisme, ni terrorisme. Nous voulons le progrès en pente douce.

Dieu y pourvoit. L'adoucissement des pentes, c'est là toute la politique de Dieu.

VI

ENJOLRAS ET SES LIEUTENANTS

A peu près vers cette époque, Enjolras, en vue de l'événement possible, fit une sorte de recensement mystérieux.

Tous étaient en conciliabule au café Musain.

Enjolras dit, en mêlant à ses paroles quelques métaphores demi-énigmatiques, mais significatives :

— Il convient de savoir où l'on en est et sur qui l'on peut compter. Si l'on veut des combattants, il faut en faire. Avoir de quoi frapper. Cela ne peut nuire. Ceux qui passent ont toujours plus de chance d'attraper des coups de corne quand il y a des bœufs sur la route que lorsqu'il n'y en a pas. Donc comptons un peu le troupeau. Combien sommes-nous? Il ne s'agit pas de remettre ce travail-là à demain. Les révolutionnaires doivent toujours être pressés; le progrès n'a pas de temps à perdre. Défions-nous de l'inattendu. Ne nous laissons pas prendre au dépourvu. Il s'agit de repasser sur toutes les coutures que nous avons faites et de voir si elles tiennent. Cette affaire doit être coulée à fond aujourd'hui. Courfeyrac, tu verras les polytechniciens. C'est leur jour de sortie. Aujourd'hui mercredi. Feuilly, n'est-ce pas? vous verrez ceux de la Glacière. Combeferre m'a promis d'aller à Picpus. Il y a là tout un fourmillement excellent. Bahorel visitera l'Estrapade. Prouvaire, les maçons s'attiédissent; tu nous rapporteras des nouvelles de la loge de la rue de Grenelle-Saint-Honoré. Joly ira à la clinique de Dupuytren, et tâtera le pouls à l'école de médecine. Bossuet fera un petit tour au palais et causera avec les stagiaires. Moi, je me charge de la Cougourde.

— Voilà tout réglé, dit Courfeyrac.

— Non.

— Qu'y a-t-il donc encore?

— Une chose très-importante.

— Qu'est-ce? demanda Combeferre.

— La barrière du Maine, répondit Enjolras.

Enjolras resta un moment comme absorbé dans ses réflexions, puis reprit :

— Barrière du Maine il y a des marbriers, des peintres, les praticiens des ateliers de sculpture. C'est une famille enthousiaste, mais sujette à refroidissement. Je ne sais pas ce qu'ils ont depuis quelque temps. Ils pensent à autre chose. Ils s'éteignent. Ils passent leur temps à jouer aux dominos. Il serait urgent d'aller leur parler un peu et ferme. C'est chez Richefeu qu'ils se réunissent. On les y trouverait entre midi et une heure. Il faudrait souffler sur ces cendres-là. J'avais compté pour cela sur ce distrait de Marius, qui en somme est bon, mais il ne vient plus. Il me faudrait quelqu'un pour la barrière du Maine. Je n'ai plus personne.

— Et moi, dit Grantaire, je suis là.

— Toi?

— Moi.

— Toi, endoctriner des républicains! toi, réchauffer, au nom des principes, des cœurs refroidis!

— Pourquoi pas?

— Est-ce que tu peux être bon à quelque chose?

— Mais j'en ai la vague ambition, dit Grantaire.

— Tu ne crois à rien.

— Je crois à toi.

— Grantaire, veux-tu me rendre un service?

— Tous. Cirer tes bottes.

— Eh bien, ne te mêle pas de nos affaires. Cuve ton absinthe.

— Tu es un ingrat, Enjolras.

— Tu serais homme à aller barrière du Maine! tu en serais capable!

— Je suis capable de descendre rue des Grès, de traverser la place Saint-Michel, d'obliquer par la rue Monsieur-le-Prince, de prendre la rue de Vaugirard, de dépasser les Carmes, de tourner rue d'Assas, d'arriver rue du Cherche-Midi, de laisser derrière moi le Conseil de guerre, d'arpenter la rue des Vieilles-Tuileries, d'enjamber le boulevard, de suivre la chaussée du Maine, de franchir la barrière, et d'entrer chez Richefeu. Je suis capable de cela. Mes souliers en sont capables.

— Connais-tu un peu ces camarades-là de chez Richefeu?

— Pas beaucoup. Nous nous tutoyons seulement.

— Qu'est-ce que tu leur diras?

— Je leur parlerai de Robespierre, pardi. De Danton. Des principes.

— Toi!

— Moi. Mais on ne me rend pas justice. Quand je m'y mets, je suis terrible. J'ai lu Prudhomme, je connais le Contrat social, je sais par cœur ma constitution de l'an Deux. « La Liberté du citoyen « finit où la Liberté d'un autre citoyen commence. » Est-ce que tu me prends pour une brute? j'ai un vieil assignat dans mon tiroir. Les Droits de l'Homme, la souveraineté du peuple, sapristi! Je suis même un peu hébertiste. Je puis rabâcher, pendant six heures d'horloge, montre en main, des choses superbes.

— Sois sérieux, dit Enjolras.

— Je suis farouche, répondit Grantaire.

Enjolras pensa quelques secondes, et fit le geste d'un homme qui prend son parti.

— Grantaire, dit-il gravement, je consens à t'essayer. Tu iras barrière du Maine.

Grantaire logeait dans un garni tout voisin du café Musain. Il sortit, et revint cinq minutes après. Il était allé chez lui mettre un gilet à la Robespierre.

— Rouge, dit-il en entrant, et en regardant fixement Enjolras.

Puis, d'un plat de main énergique, il appuya sur sa poitrine les deux pointes écarlates du gilet.

Et, s'approchant d'Enjolras, il lui dit à l'oreille :

— Sois tranquille.

Il enfonça son chapeau résolûment, et partit.

Un quart d'heure après, l'arrière-salle du café Musain était déserte. Tous les Amis de l'A B C étaient allés, chacun de leur côté, à leur besogne. Enjolras, qui s'était réservé la Cougourde, sortit le dernier.

Ceux de la Cougourde d'Aix qui étaient à Paris se réunissaient alors plaine d'Issy, dans une des carrières abandonnées si nombreuses de ce côté de Paris.

Enjolras, tout en cheminant vers ce lieu de rendez-vous, passait en lui-même la revue de la situation. La gravité des événements était visible. Quand les faits, prodromes d'une espèce de maladie sociale latente, se meuvent lourdement, la moindre complication les arrête et les enchevêtre. Phénomène d'où sortent les écroulements et les renaissances. Enjolras entrevoyait un soulèvement lumineux sous les pans ténébreux de l'avenir. Qui sait? le moment approchait peut-être. Le peuple ressaisissant le droit, quel beau spectacle! la révolution reprenant majestueusement possession de la France, et disant au monde : La suite à demain! Enjolras était content. La fournaise chauffait. Il avait, dans ce même instant-là, une traînée de poudre d'amis éparse sur Paris. Il composait, dans sa pensée, avec l'éloquence philosophique et pénétrante de Combeferre, l'enthousiasme cosmopolite de Feuilly, la verve de Courfeyrac, le rire de Bahorel, la mélancolie de Jean Prouvaire, la science de Joly, les sarcasmes de Bossuet, une sorte de pétillement électrique prenant feu à la fois un peu partout. Tous à l'œuvre. A coup sûr, le résultat répondrait à l'effort. C'était bien. Ceci le fit penser à Grantaire. — Tiens, se dit-il, la barrière du Maine me détourne à peine de mon chemin. Si je poussais jusque chez Richefeu? Voyons un peu ce que fait Grantaire, et où il en est.

Une heure sonnait au clocher de Vaugirard quand Enjolras arriva à la tabagie Richefeu. Il poussa la porte, entra, croisa les bras, laissant retomber la porte qui vint lui heurter les épaules, et regarda dans la salle pleine de tables, d'hommes et de fumée.

Une voix éclatait dans cette brume, vivement coupée par une autre voix. C'était Grantaire dialoguant avec un adversaire qu'il avait.

Grantaire était assis, vis-à-vis d'une autre figure, à une table de marbre Sainte-Anne semée de grains de son et constellée de dominos, il frappait ce marbre du poing, et voici ce qu'Enjolras entendit :

— Double-six.
— Du quatre.
— Le porc ! Je n'en ai plus.
— Tu es mort. Du deux.
— Du six.
— Du trois.
— De l'as.
— A moi la pose.
— Quatre points.
— Péniblement.
— A toi.

— J'ai fait une faute énorme.

— Tu vas bien.

— Quinze.

— Sept de plus.

— Cela me fait vingt-deux. (Rêvant) Vingt-deux!

— Tu ne t'attendais pas au double-six. Si je l'avais mis au commencement, cela changeait tout le jeu.

— Du deux même.

— De l'as.

— De l'as! Eh bien, du cinq.

— Je n'en ai pas

— C'est toi qui as posé, je crois?

— Oui.

— Du blanc.

— A-t-il de la chance! Ah! tu as une chance! (Longue rêverie) Du deux.

— De l'as.

— Ni cinq, ni as. C'est embêtant pour toi.

— Domino.

— Nom d'un caniche!

LIVRE DEUXIÈME

ÉPONINE

I

LE CHAMP DE L'ALOUETTE

Marius avait assisté au dénoûment inattendu du guet-apens sur la trace duquel il avait mis Javert ; mais à peine Javert eut-il quitté la masure, emmenant ses prisonniers dans trois fiacres, que Marius de son côté se glissa hors de la maison. Il n'était encore que neuf heures du soir. Marius alla chez Courfeyrac. Courfeyrac n'était plus l'imperturbable habitant du quartier latin ; il était allé demeurer rue de la Verrerie « pour des raisons politiques ; » ce quartier était de ceux où l'insurrection dans ce temps-là s'installait volontiers. Marius dit à Courfeyrac : Je viens coucher chez toi. Courfeyrac tira un matelas de son lit qui en avait deux, l'étendit à terre, et dit : Voilà.

Le lendemain, dès sept heures du matin, Marius revint à la masure, paya le terme et ce qu'il devait à mame Bougon, fit charger sur une charrette à bras ses livres, son lit, sa table, sa commode et ses deux chaises, et s'en alla sans laisser son adresse, si bien que, lorsque Javert revint dans la matinée afin de questionner Marius sur les événements de la veille, il ne trouva que mame Bougon qui lui répondit : Déménagé !

Mame Bougon fut convaincue que Marius était un peu complice des voleurs saisis dans la nuit. — Qui aurait dit cela? s'écriait-elle chez les portières du quartier, un jeune homme, que ça vous avait l'air d'une fille !

Marius avait eu deux raisons pour ce déménagement si prompt. La première, c'est qu'il avait horreur maintenant de cette maison où il avait vu, de si près et dans tout son développement le plus repoussant et le plus féroce, une laideur sociale plus affreuse peut-être encore que le mauvais riche : le mauvais pauvre. La deuxième, c'est qu'il ne voulait pas figurer dans le procès quelconque qui s'ensuivrait probablement, et être amené à déposer contre Thénardier.

Javert crut que le jeune homme, dont il n'avait pas retenu le nom, avait eu peur et s'était sauvé ou n'était peut-être même pas rentré chez lui au moment du guet-apens; il fit pourtant quelques efforts pour le retrouver, mais il n'y parvint pas.

Un mois s'écoula, puis un autre. Marius était toujours chez Courfeyrac. Il avait su par un avocat stagiaire, promeneur habituel de la salle des Pas-Perdus, que Thénardier était au secret. Tous les lundis, Marius faisait remettre au greffe de la Force cinq francs pour Thénardier.

Marius, n'ayant plus d'argent, empruntait les cinq francs à Courfeyrac. C'était la première fois de sa vie qu'il empruntait de l'argent. Ces cinq francs périodiques étaient une double énigme pour Courfeyrac qui les donnait et pour Thénardier qui les recevait. — A qui cela peut-il aller? songeait

Courfeyrac. — D'où cela peut-il me venir? se demandait Thénardier.

Marius du reste était navré. Tout était de nouveau rentré dans une trappe. Il ne voyait plus rien devant lui ; sa vie était replongée dans ce mystère où il errait à tâtons. Il avait un moment revu de très-près dans cette obscurité la jeune fille qu'il aimait, le vieillard qui semblait son père, ces êtres inconnus qui étaient son seul intérêt et sa seule espérance en ce monde ; et au moment où il avait cru les saisir, un souffle avait emporté toutes ces ombres. Pas une étincelle de certitude et de vérité n'avait jailli même du choc le plus effrayant. Aucune conjecture possible. Il ne savait même plus le nom qu'il avait cru savoir. A coup sûr ce n'était plus Ursule. Et l'Alouette était un sobriquet. Et que penser du vieillard? Se cachait-il en effet de la police? L'ouvrier à cheveux blancs que Marius avait rencontré aux environs des Invalides lui était revenu à l'esprit. Il devenait probable maintenant que cet ouvrier et M. Leblanc étaient le même homme. Il se déguisait donc? Cet homme avait des côtés héroïques et des côtés équivoques. Pourquoi n'avait-il pas appelé au secours? pourquoi s'était-il enfui? était-il, oui ou non, le père de la jeune fille? enfin était-il réellement l'homme que Thénardier avait cru reconnaître? Thénardier avait pu se méprendre? Autant de problèmes sans issue. Tout ceci, il est vrai, n'ôtait rien au charme angélique de la jeune fille du Luxembourg. Détresse poignante; Marius avait une passion dans le cœur, et la nuit sur les yeux. Il était poussé, il était attiré, et il ne pouvait bouger. Tout s'était évanoui, excepté l'amour. De l'amour même, il avait perdu les instincts et les illuminations subites. Ordinairement cette flamme qui nous brûle nous éclaire aussi un peu, et nous jette quelque lueur utile au dehors. Ces sourds conseils de la passion, Marius ne les entendait même plus. Jamais il ne se disait : Si j'allais là? si j'essayais ceci? Celle qu'il ne pouvait plus nommer Ursule était évidemment quelque part; rien n'avertissait Marius du côté où il fallait chercher. Toute sa vie se résumait maintenant en deux mots : une incertitude absolue dans une brume impénétrable. La revoir, elle; il y aspirait toujours, il ne l'espérait plus.

Pour comble, la misère revenait. Il sentait tout

près de lui, derrière lui, ce souffle glacé. Dans toutes ces tourmentes, et depuis longtemps déjà, il avait discontinué son travail, et rien n'est plus dangereux que le travail discontinué; c'est une habitude qui s'en va. Habitude facile à quitter, difficile à reprendre.

Une certaine quantité de rêverie est bonne, comme un narcotique à dose discrète. Cela endort les fièvres, quelquefois dures, de l'intelligence en travail, et fait naître dans l'esprit une vapeur molle et fraîche qui corrige les contours trop âpres de la pensée pure, comble çà et là des lacunes et des intervalles, lie les ensembles et estompe les angles des idées. Mais trop de rêverie submerge et noie. Malheur au travailleur par l'esprit qui se laisse tomber tout entier de la pensée dans la rêverie! Il croit qu'il remontera aisément, et il se dit qu'après tout c'est la même chose. Erreur!

La pensée est le labeur de l'intelligence, la rêverie en est la volupté. Remplacer la pensée par la rêverie, c'est confondre un poison avec une nourriture.

Marius, on s'en souvient, avait commencé par là. La passion était survenue et avait achevé de le précipiter dans les chimères sans objet et sans fond. On ne sort plus de chez soi que pour aller songer. Enfantement paresseux. Gouffre tumultueux et stagnant. Et, à mesure que le travail diminuait, les besoins croissaient. Ceci est une loi. L'homme, à l'état rêveur, est naturellement prodigue et mou; l'esprit détendu ne peut pas tenir la vie serrée. Il y a, dans cette façon de vivre, du bien mêlé au mal, car si l'amollissement est funeste, la générosité est saine et bonne. Mais l'homme pauvre, généreux et noble, qui ne travaille pas, est perdu. Les ressources tarissent, les nécessités surgissent.

Pente fatale où les plus honnêtes et les plus fermes sont entraînés comme les plus faibles et les plus vicieux, et qui aboutit à l'un de ces deux trous, le suicide ou le crime.

A force de sortir pour aller songer, il vient un jour où l'on sort pour aller se jeter à l'eau.

L'excès de songe fait les Escousse et les Lebras.

Marius descendait cette pente à pas lents, les yeux fixés sur celle qu'il ne voyait plus. Ce que nous venons d'écrire là semble étrange et pourtant est vrai. Le souvenir d'un être absent s'allume dans les ténèbres du cœur; plus il a disparu, plus il rayonne; l'âme désespérée et obscure voit cette lumière à son horizon; étoile de la nuit intérieure. Elle, c'était là toute la pensée de Marius. Il ne songeait pas à autre chose; il sentait confusément que son vieux habit devenait un habit impossible et que son habit neuf devenait un vieux habit, que ses chemises s'usaient, que son chapeau s'usait, que ses bottes s'usaient, c'est-à-dire que sa vie s'usait, et il se disait : Si je pouvais seulement la revoir avant de mourir!

Une seule idée douce lui restait, c'est qu'Elle l'avait aimé, que son regard le lui avait dit, qu'elle ne connaissait pas son nom, mais qu'elle connaissait son âme, et que peut-être là où elle était, quel que fût ce lieu mystérieux, elle l'aimait encore. Qui sait si elle ne songeait pas à lui comme lui songeait à elle? Quelquefois, dans des heures inexplicables comme en a tout cœur qui aime, n'ayant que des raisons de douleur et se sentant pourtant un obscur tressaillement de joie, il se disait : Ce sont ses pensées qui viennent à moi! — Puis il ajoutait : Mes pensées lui arrivent aussi peut-être.

Cette illusion, dont il hochait la tête le moment

d'après, réussissait pourtant à lui jeter dans l'âme des rayons qui ressemblaient parfois à de l'espérance. De temps en temps, surtout à cette heure du soir qui attriste le plus les songeurs, il laissait tomber sur un cahier de papier où il n'y avait que cela, le plus pur, le plus impersonnel, le plus idéal des rêveries dont l'amour lui emplissait le cerveau. Il appelait cela « lui écrire. »

Il ne faut pas croire que sa raison fût en désordre. Au contraire. Il avait perdu la faculté de travailler et de se mouvoir fermement vers un but déterminé, mais il avait plus que jamais la clairvoyance et la rectitude. Marius voyait à un jour calme et réel, quoique singulier, ce qui passait sous ses yeux, même les faits ou les hommes les plus indifférents ; il disait de tout le mot juste avec une sorte d'accablement honnête et de désintéressement candide. Son jugement, presque détaché de l'espérance, se tenait haut et planait.

Dans cette situation d'esprit rien ne lui échappait, rien ne le trompait, et il découvrait à chaque instant le fond de la vie, de l'humanité et de la destinée. Heureux, même dans les angoisses, celui à qui Dieu a donné une âme digne de l'amour et du malheur! Qui n'a pas vu les choses de ce monde et le cœur des hommes à cette double lumière n'a rien vu de vrai et ne sait rien.

L'âme qui aime et qui souffre est à l'état sublime.

Du reste les jours se succédaient et rien de nouveau ne se présentait. Il lui semblait seulement que l'espace sombre qui lui restait à parcourir se raccourcissait à chaque instant. Il croyait déjà entrevoir distinctement le bord de l'escarpement sans fond.

— Quoi! se répétait-il, est-ce que je ne la reverrai pas auparavant!

Quand on a monté la rue Saint-Jacques, laissé de côté la barrière et suivi quelque temps à gauche l'ancien boulevard intérieur, on atteint la rue de la Santé, puis la Glacière, et, un peu avant d'arriver à la petite rivière des Gobelins, on rencontre une espèce de champ, qui est, dans la longue et monotone ceinture des boulevards de Paris, le seul endroit où Ruisdael serait tenté de s'asseoir.

Ce je ne sais quoi d'où la grâce se dégage est là, un pré vert traversé de cordes tendues où des loques sèchent au vent, une vieille ferme à maraîchers bâtie du temps de Louis XIII avec son grand toit bizarrement percé de mansardes, des palissades délabrées, un peu d'eau entre des peupliers, des femmes, des rires, des voix ; à l'horizon le Panthéon, l'arbre des Sourds-Muets, le Val-de-Grâce, noir, trapu, fantasque, amusant, magnifique, et au fond le sévère faîte carré des tours de Notre-Dame.

Comme le lieu vaut la peine d'être vu, personne n'y vient. A peine une charrette ou un roulier tous les quarts d'heure.

Il arriva une fois que les promenades solitaires de Marius le conduisirent à ce terrain près de cette eau. Ce jour-là, il y avait sur ce boulevard une rareté, un passant. Marius, vaguement frappé du charme presque sauvage du lieu, demanda à ce passant : — Comment se nomme cet endroit-ci ?

Le passant répondit : — C'est le champ de l'Alouette.

Et il ajouta : — C'est ici qu'Ulbach a tué la bergère d'Ivry.

Mais après ce mot : l'Alouette, Marius n'avait plus rien entendu. Il y a de ces congélations subites dans l'état rêveur qu'un mot suffit à produire. Toute la pensée se condense brusquement autour d'une idée, et n'est plus capable d'aucune autre perception. L'Alouette, c'était l'appellation qui, dans les profondeurs de la mélancolie de Marius, avait remplacé Ursule. — Tiens, dit-il, dans l'espèce de stupeur irraisonnée propre à ces aparté mystérieux, ceci est son champ. Je saurai ici où elle demeure.

Cela était absurde, mais irrésistible.

Et il vint tous les jours à ce champ de l'Alouette.

II

FORMATION EMBRYONNAIRE DES CRIMES DANS L'INCUBATION DES PRISONS

Le triomphe de Javert dans la masure Gorbeau avait semblé complet, mais ne l'avait pas été.

D'abord, et c'était là son principal souci, Javert n'avait point fait prisonnier le prisonnier. L'assassiné qui s'évade est plus suspect que l'assassin ; et il est probable que ce personnage, si précieuse capture pour les bandits, n'était pas de moins bonne prise pour l'autorité.

Ensuite, Montparnasse avait échappé à Javert.

Il fallait attendre à une autre occasion pour remettre la main sur ce « muscadin du diable. » Montparnasse en effet, ayant rencontré Éponine qui faisait le guet sous les arbres du boulevard, l'avait emmenée, aimant mieux être Némorin avec la fille que Schinderhannes avec le père. Bien lui en avait pris. Il était libre. Quant à Éponine, Javert l'avait fait « repincer ; » consolation médiocre. Éponine avait rejoint Azelma aux Madelonnettes.

Enfin, dans le trajet de la masure Gorbeau à la Force, un des principaux arrêtés, Claquesous, s'était perdu. On ne savait comment cela s'était fait, les agents et les sergents « n'y comprenaient rien, » il s'était changé en vapeur, il avait glissé entre les poucettes, il avait coulé entre les fentes de la voiture, le fiacre était fêlé et avait fui ; on ne savait que dire, sinon qu'en arrivant à la prison, plus de Claquesous. Il y avait là de la féerie ou de la police. Claquesous avait-il fondu dans les ténèbres comme un flocon de neige dans l'eau ? Y avait-il eu connivence inavouée des agents ? Cet homme appartenait-il à la double énigme du désordre et de l'ordre? Était-il concentrique à l'infraction et à la répression? Ce sphinx avait-il les pattes de devant dans le crime et les pattes de derrière dans l'autorité? Javert n'acceptait point ces combinaisons-là, et se fût hérissé devant de tels compromis; mais son escouade comprenait d'autres inspecteurs que lui, plus initiés peut-être que lui-même, quoique ses subordonnés, aux secrets de la préfecture, et Claquesous était un tel scélérat qu'il pouvait être un fort bon agent. Être en de si intimes rapports d'escamotage avec la nuit, cela est excellent pour le brigandage et admirable pour la police. Il y a de ces coquins à deux tranchants. Quoi qu'il en fût, Claquesous égaré ne se retrouva pas. Javert en parut plus irrité qu'étonné.

Quant à Marius, « ce dadais d'avocat qui avait « eu probablement peur, » et dont Javert avait oublié le nom, Javert y tenait peu. D'ailleurs, un avocat, cela se retrouve toujours. Mais était-ce un avocat seulement?

L'information avait commencé.

Le juge d'instruction avait trouvé utile de ne point mettre un des hommes de la bande Patron-Minette au secret, espérant quelque bavardage.

Cet homme était Brujon, le chevelu de la rue du Petit-Banquier. On l'avait lâché dans la cour Charlemagne, et l'œil des surveillants était ouvert sur lui.

Ce nom, Brujon, est un des souvenirs de la Force. Dans la hideuse cour dite du Bâtiment-Neuf, que l'administration appelait cour Saint-Bernard et que les voleurs appelaient Fosse-aux-Lions, sur cette muraille couverte de squammes et de lèpres qui montait à gauche à la hauteur des toits, près d'une vieille porte de fer rouillée qui menait à l'ancienne chapelle de l'hôtel ducal de la Force devenue un dortoir de brigands, on voyait encore il y a douze ans une espèce de bastille grossièrement sculptée au clou dans la pierre, et au dessous cette signature :

BRUJON, 1811.

Le Brujon de 1811 était le père du Brujon de 1832.

Ce dernier, qu'on n'a pu qu'entrevoir dans le guet-apens Gorbeau, était un jeune gaillard fort rusé et fort adroit, ayant l'air ahuri et plaintif. C'est sur cet air ahuri que le juge d'instruction l'avait lâché, le croyant plus utile dans la cour Charlemagne que dans la cellule du secret.

Les voleurs ne s'interrompent pas parce qu'ils sont entre les mains de la justice. On ne se gêne point pour si peu. Être en prison pour un crime n'empêche pas de commencer un autre crime. Ce sont des artistes qui ont un tableau au salon et qui n'en travaillent pas moins à une nouvelle œuvre dans leur atelier.

Brujon semblait stupéfié par la prison. On le voyait quelquefois des heures entières dans la cour Charlemagne, debout près de la lucarne du cantinier, et contemplant comme un idiot cette sordide pancarte des prix de la cantine qui commençait par : *ail, 62 centimes,* et finissait par : *cigare, cinq centimes.* Ou bien il passait son temps à trembler, claquant des dents, disant qu'il avait la fièvre, et s'informant si l'un des vingt-huit lits de la salle des fiévreux était vacant.

Tout à coup, vers la deuxième quinzaine de février 1832, on sut que Brujon, cet endormi, avait fait faire, par des commissionnaires de la maison, pas sous son nom mais sous le nom de trois de ses camarades, trois commissions différentes, lesquelles lui avaient coûté en tout cinquante sous, dépense exorbitante qui attira l'attention du brigadier de la prison.

On s'informa, et en consultant le tarif des commissions affiché dans le parloir des détenus, on arriva à savoir que les cinquante sous se décomposaient ainsi : trois commissions ; une au Panthéon, dix sous; une au Val-de-Grâce, quinze sous; et une à la barrière de Grenelle, vingt-cinq sous. Celle-ci était la plus chère de tout le tarif. Or, au Panthéon, au Val-de-Grâce, à la barrière de Grenelle, se trouvaient précisément les domiciles de trois rôdeurs de barrières fort redoutés, Kruideniers, dit Bizarro, Glorieux, forçat libéré, et Barre-Carrosse, sur lesquels cet incident ramena le regard de la police. On croyait deviner que ces hommes étaient affiliés à Patron-Minette, dont on avait coffré deux chefs, Babet et Gueulemer. On supposa que dans les envois de Brujon, remis, non à des adresses de maisons, mais à des gens qui attendaient dans la rue, il devait y avoir des avis pour quelque méfait comploté. On avait d'autres indices encore; on mit la main sur les trois rôdeurs, et l'on crut avoir éventé la machination quelconque de Brujon.

Une semaine environ après ces mesures prises, une nuit, un surveillant de ronde, qui inspectait le dortoir d'en bas du Bâtiment-Neuf, au moment de mettre son marron dans la boîte à marrons; — c'est le moyen qu'on employait pour s'assurer que les surveillants faisaient exactement leur service; toutes les heures un marron devait tomber dans toutes les boîtes clouées aux portes des dortoirs; — un surveillant donc vit par le judas du dortoir Brujon sur son séant qui écrivait quelque chose dans son lit à la clarté de l'applique. Le gardien entra, on mit Brujon pour un mois au cachot, mais on ne put saisir ce qu'il avait écrit. La police n'en sut pas davantage.

Ce qui est certain, c'est que le lendemain « un « postillon » fut lancé de la cour Charlemagne dans la Fosse-aux-Lions par-dessus le bâtiment à cinq étages qui séparait les deux cours.

Les détenus appellent postillon une boulette de pain artistement pétrie qu'on envoie *en Irlande*, c'est-à-dire, par-dessus les toits d'une prison, d'une cour à l'autre. Étymologie : par-dessus l'Angleterre ; d'une terre à l'autre ; *en Irlande*. Cette boulette tombe dans la cour. Celui qui la ramasse l'ouvre et y trouve un billet adressé à quelque prisonnier de la cour. Si c'est un détenu qui fait la trouvaille, il remet le billet à sa destination; si c'est un gardien, ou l'un de ces prisonniers secrètement vendus qu'on appelle moutons dans les prisons et renards dans les bagnes, le billet est porté au greffe et livré à la police.

Cette fois, le postillon parvint à son adresse, quoique celui auquel le message était destiné fût en ce moment *au séparé*. Ce destinataire n'était rien moins que Babet, l'une des quatre têtes de Patron-Minette.

Le postillon contenait un papier roulé sur lequel il n'y avait que ces deux lignes :

— Babet. Il y a une affaire à faire rue Plumet. Une grille sur un jardin.

C'était la chose que Brujon avait écrite dans la nuit.

En dépit des fouilleurs et des fouilleuses, Babet trouva moyen de faire passer le billet de la Force à la Salpêtrière à une « bonne amie » qu'il avait là, et qui y était enfermée. Cette fille à son tour transmit le billet à une autre qu'elle connaissait, une appelée Magnon, fort regardée par la police, mais pas encore arrêtée. Cette Magnon, dont le lecteur a déjà vu le nom, avait avec les Thénardier des relations qui seront précisées plus tard, et pouvait, en allant voir Éponine, servir de pont entre la Salpêtrière et les Madelonnettes.

Il arriva justement qu'en ce moment-là même, les preuves manquant dans l'instruction dirigée contre Thénardier à l'endroit de ses filles, Éponine et Azelma furent relâchées.

Quand Éponine sortit, Magnon, qui la guettait à la porte des Madelonnettes, lui remit le billet de Brujon à Babet en la chargeant d'*éclairer* l'affaire.

Éponine alla rue Plumet, reconnut la grille et le jardin, observa la maison, épia, guetta, et, quelques jours après, porta à Magnon, qui demeurait rue Clocheperce, un biscuit que Magnon transmit à la maîtresse de Babet à la Salpêtrière. Un biscuit, dans le ténébreux symbolisme des prisons, signifie : *rien à faire*.

Si bien qu'en moins d'une semaine de là, Babet et Brujon se croisant dans le chemin de ronde de la Force, comme l'un allait « à l'instruction » et que l'autre en revenait : — Eh bien, demanda

Brujon, la rue P? — Biscuit, répondit Babet.

Ainsi avorta ce fœtus de crime enfanté par Brujon à la Force.

Cet avortement pourtant eut des suites, parfaitement étrangères au programme de Brujon. On les verra.

Souvent en croyant nouer un fil, on en lie un autre.

III

APPARITION AU PERE MABEUF

Marius n'allait plus chez personne, seulement il lui arrivait quelquefois de rencontrer le père Mabeuf.

Pendant que Marius descendait lentement ces degrés lugubres qu'on pourrait nommer l'escalier des caves et qui mènent dans des lieux sans lumière où l'on entend les heureux marcher au-dessus de soi, M. Mabeuf descendait de son côté.

La *Flore de Cauterets* ne se vendait absolument plus. Les expériences sur l'indigo n'avaient point réussi dans le petit jardin d'Austerlitz qui était mal exposé. M. Mabeuf n'y pouvait cultiver que quelques plantes rares qui aiment l'humidité et l'ombre. Il ne se décourageait pourtant pas. Il avait obtenu un coin de terre au Jardin des Plantes, en bonne exposition, pour y faire, « à ses frais, » ses essais d'indigo. Pour cela il avait mis les cuivres de sa *Flore* au mont-de-piété. Il avait réduit son déjeuner à deux œufs, et il en laissait un à sa vieille servante dont il ne payait plus les gages depuis quinze mois. Et souvent son déjeuner était son seul repas. Il ne riait plus de son rire enfantin, il était devenu morose, et ne recevait plus de visites. Marius faisait bien de ne plus songer à venir. Quelquefois, à l'heure où M. Mabeuf allait au Jardin des Plantes, le vieillard et le jeune homme se croisaient sur le boulevard de l'Hôpital. Ils ne parlaient pas et se faisaient un signe de tête tristement. Chose poignante qu'il y ait un moment où la misère dénoue! On était deux amis, on est deux passants.

Le libraire Royol était mort. M. Mabeuf ne connaissait plus que ses livres, son jardin et son indigo; c'étaient les trois formes qu'avaient prises pour lui le bonheur, le plaisir et l'espérance. Cela lui suffisait pour vivre. Il se disait : — Quand j'aurai fait mes boules de bleu, je serai riche, je retirerai mes cuivres du mont-de-piété, je remettrai ma *Flore* en vogue avec du charlatanisme, de la grosse caisse et des annonces dans les journaux, et j'achèterai, je sais bien où, un exemplaire de l'*Art de Naviguer* de Pierre de Médine, avec bois, édition de 1559. — En attendant, il travaillait toute la journée à son carré d'indigo, et le soir il rentrait chez lui pour arroser son jardin, et lire ses livres. M. Mabeuf avait à cette époque fort près de quatre-vingts ans.

Un soir il eut une singulière apparition.

Il était rentré qu'il faisait grand jour encore. La mère Plutarque dont la santé se dérangeait était malade et couchée. Il avait dîné d'un os où il restait un peu de viande et d'un morceau de pain qu'il avait trouvé sur la table de cuisine, et s'était assis sur une borne de pierre renversée qui tenait lieu de banc dans son jardin.

Près de ce banc se dressait, à la mode des

vieux jardins-vergers, une espèce de grand bahut en solives et en planches fort délabré, clapier au rez-de-chaussée, fruitier au premier étage. Il n'y avait pas de lapins dans le clapier, mais il y avait quelques pommes dans le fruitier. Reste de la provision d'hiver.

M. Mabeuf s'était mis à feuilleter et à lire, à l'aide de ses lunettes, deux livres qui le passionnaient, et même, chose plus grave à son âge, le préoccupaient. Sa timidité naturelle le rendait propre à une certaine acceptation des superstitions. Le premier de ces livres était le fameux traité du président Delancre, *De l'inconstance des démons*, l'autre était l'in-quarto de Mutor de la Rubaudière, *Sur les diables de Vauvert et les gobelins de la Bièvre*. Ce dernier bouquin l'intéressait d'autant plus que son jardin avait été un des terrains anciennement hantés par les gobelins. Le crépuscule commençait à blanchir ce qui est en haut et à noircir ce qui est en bas. Tout en lisant, et par-dessus le livre qu'il tenait à la main, le père Mabeuf considérait ses plantes et entre autres un rhododendron magnifique qui était une de ses consolations; quatre jours de hâle, de vent et de soleil, sans une goutte de pluie, venaient de passer ; les tiges se courbaient, les boutons penchaient, les feuilles tombaient, tout cela avait besoin d'être arrosé ; le rhododendron surtout était triste. Le père Mabeuf était de ceux pour qui les plantes ont des âmes. Le vieillard avait travaillé toute la journée à son carré d'indigo, il était épuisé de fatigue, il se leva pourtant, posa ses livres sur le banc, et marcha tout courbé et à pas chancelants jusqu'au puits, mais quand il eut saisi la chaîne, il ne put même pas la tirer assez pour la décrocher. Alors il se retourna et leva un regard d'angoisse vers le ciel qui s'emplissait d'étoiles.

La soirée avait cette sérénité qui accable les douleurs de l'homme sous je ne sais quelle lugubre et éternelle joie. La nuit promettait d'être aussi aride que l'avait été le jour.

— Des étoiles partout ! pensait le vieillard ; pas la plus petite nuée ! pas une larme d'eau !

Et sa tête, qui s'était soulevée un moment, retomba sur sa poitrine.

Il la releva et regarda encore le ciel en murmurant :

— Une larme de rosée ! un peu de pitié !

Il essaya encore une fois de décrocher la chaîne du puits, et ne put.

En ce moment il entendit une voix qui disait :

— Père Mabeuf, voulez-vous que je vous arrose votre jardin ?

En même temps un bruit de bête fauve qui passe se fit dans la haie, et il vit sortir de la broussaille une espèce de grande fille maigre qui se dressa devant lui en le regardant hardiment. Cela avait moins l'air d'un être humain que d'une forme qui venait d'éclore au crépuscule.

Avant que le père Mabeuf, qui s'effarait aisément et qui avait, comme nous avons dit, l'effroi facile, eût pu répondre une syllabe, cet être, dont les mouvements avaient dans l'obscurité une sorte de brusquerie bizarre, avait décroché la chaîne, plongé et retiré le seau, et rempli l'arrosoir, et le bonhomme voyait cette apparition qui avait les pieds nus et une jupe en guenilles courir dans les plates-bandes en distribuant la vie autour d'elle. Le bruit de l'arrosoir sur les feuilles remplissait l'âme du père Mabeuf de ravissement. Il lui semblait que maintenant le rhododendron était heureux.

Le premier seau vidé, la fille en tira un second, puis un troisième. Elle arrosa tout le jardin.

A la voir marcher ainsi dans les allées où sa silhouette apparaissait toute noire, agitant sur ses grands bras anguleux son fichu tout déchiqueté, elle avait je ne sais quoi d'une chauve-souris.

Quand elle eut fini, le père Mabeuf s'approcha les larmes aux yeux, et lui posa la main sur le front.

— Dieu vous bénira, dit-il, vous êtes un ange puisque vous avez soin des fleurs.

— Non, répondit-elle, je suis le diable, mais ça m'est égal.

Le vieillard s'écria, sans attendre et sans entendre sa réponse :

— Quel dommage que je sois si malheureux et si pauvre, et que je ne puisse rien faire pour vous !

— Vous pouvez quelque chose, dit-elle.

— Quoi?

— Me dire où demeure M. Marius.

Le vieillard ne comprit point.

— Quel monsieur Marius?

Il leva son regard vitreux et parut chercher quelque chose d'évanoui.

— Un jeune homme qui venait ici dans les temps.

Cependant M. Mabeuf avait fouillé dans sa mémoire.

— Ah! oui,... s'écria-t-il, je sais ce que vous voulez dire. Attendez donc! monsieur Marius... le baron Marius Pontmercy, parbleu! il demeure... ou plutôt il ne demeure plus... ah bien, je ne sais pas.

Tout en parlant, il s'était courbé pour assujettir une branche du rhododendron, et il continuait :

— Tenez, je me souviens à présent. Il passe très-souvent sur le boulevard et va du côté de la Glacière. Rue Croulebarbe. Le champ de l'Alouette. Allez par là. Il n'est pas difficile à rencontrer.

Quand M. Mabeuf se releva, il n'y avait plus personne, la fille avait disparu.

Il eut décidément un peu peur.

— Vrai, pensa-t-il, si mon jardin n'était pas arrosé, je croirais que c'est un esprit.

Une heure plus tard, quand il fut couché, cela

lui revint, et, en s'endormant, à cet instant trouble où la pensée, pareille à cet oiseau fabuleux qui se change en poisson pour passer la mer, prend peu à peu la forme du songe pour traverser le sommeil, il se disait confusément :

— Au fait, cela ressemble beaucoup à ce que la Rubaudière raconte des gobelins. Serait-ce un gobelin ?

IV

APPARITION A MARIUS

Quelques jours après cette visite d'un « esprit » au père Mabeuf, un matin, — c'était un lundi, le jour de la pièce de cent sous que Marius empruntait à Courfeyrac pour Thénardier, — Marius avait mis cette pièce de cent sous dans sa poche, et avant de la porter au greffe, il était allé « se promener un peu, » espérant qu'à son retour cela le ferait travailler. C'était d'ailleurs éternellement ainsi. Sitôt levé, il s'asseyait devant un livre et une feuille de papier pour bâcler quelque traduction ; il avait à cette époque-là pour besogne la translation en français d'une célèbre querelle d'allemands, la controverse de Gans et de Savigny ; il prenait Savigny, il prenait Gans, lisait quatre lignes, essayait d'en écrire une, ne pouvait, voyait une étoile entre son papier et lui, et se levait de sa chaise en disant : — Je vais sortir. Cela me mettra en train.

Et il allait au champ de l'Alouette.

Là il voyait plus que jamais l'étoile, et moins que jamais Savigny et Gans.

Il rentrait, essayait de reprendre son labeur, et n'y parvenait point ; pas moyen de renouer un seul des fils cassés dans son cerveau ; alors il disait : — Je ne sortirai pas demain. Cela m'empêche de travailler. — Et il sortait tous les jours.

Il habitait le champ de l'Alouette plus que le logis de Courfeyrac. Sa véritable adresse était celle-ci : boulevard de la Santé, au septième arbre après la rue Croulebarbe.

Ce matin-là, il avait quitté ce septième arbre, et s'était assis sur le parapet de la rivière des Gobelins. Un gai soleil pénétrait les feuilles fraîches épanouies et toutes lumineuses.

Il songeait à « Elle. » Et sa songerie, devenant reproche, retombait sur lui : il pensait douloureusement à la paresse, paralysie de l'âme, qui le gagnait, et à cette nuit qui s'épaississait d'instant en instant devant lui au point qu'il ne voyait même déjà plus le soleil.

Cependant, à travers ce pénible dégagement d'idées indistinctes qui n'étaient pas même un monologue tant l'action s'affaiblissait en lui, et il n'avait plus même la force de vouloir se désoler, à travers cette absorption mélancolique, les sensations du dehors lui arrivaient. Il entendait derrière lui, au-dessous de lui, sur les deux bords de la rivière, les laveuses des Gobelins battre leur linge, et au-dessus de sa tête, les oiseaux jaser et chanter dans les ormes. D'un côté le bruit de la liberté, de l'insouciance heureuse, du loisir qui a des ailes ; de l'autre le bruit du travail. Chose qui le faisait rêver profondément, et presque réfléchir, c'étaient deux bruits joyeux.

Tout à coup au milieu de son extase accablée il entendit une voix connue qui disait :

— Tiens! le voilà!

Il leva les yeux, et reconnut cette malheureuse enfant qui était venue un matin chez lui, l'aînée des filles Thénardier, Éponine; il savait maintenant comment elle se nommait. Chose étrange, elle était appauvrie et embellie, deux pas qu'il ne semblait point qu'elle pût faire. Elle avait accompli un double progrès, vers la lumière et vers la détresse. Elle était pieds nus et en haillons comme le jour où elle était entrée si résolûment dans sa chambre, seulement ses haillons avaient deux mois de plus; les trous étaient plus larges, les guenilles plus sordides. C'était cette même voix enrouée, ce même front terni et ridé par le hâle, ce même regard libre, égaré et vacillant. Elle avait de plus qu'autrefois dans la physionomie ce je ne sais quoi d'effrayé et de lamentable que la prison traversée ajoute à la misère.

Elle avait des brins de paille et de foin dans les cheveux, non comme Ophélia pour être devenue folle à la contagion de la folie d'Hamlet, mais parce qu'elle avait couché dans quelque grenier d'écurie.

Et avec tout cela elle était belle. Quel astre vous êtes, ô jeunesse!

Cependant elle était arrêtée devant Marius avec un peu de joie sur son visage livide et quelque chose qui ressemblait à un sourire.

Elle fut quelques moments comme si elle ne pouvait parler.

— Je vous rencontre donc! dit-elle enfin. Le père Mabeuf avait raison, c'était sur ce boulevard-ci! Comme je vous ai cherché! si vous saviez! Savez-vous cela? j'ai été au bloc. Quinze jours! Ils m'ont lâchée! vu qu'il n'y avait rien sur moi et que d'ailleurs je n'avais pas l'âge du discernement. Il s'en fallait de deux mois. Oh! comme je vous ai cherché! voilà six semaines. Vous ne demeurez donc plus là-bas?

— Non, dit Marius.

— Oh! je comprends. A cause de la chose. C'est désagréable ces esbrouffes-là. Vous avez déménagé. Tiens! pourquoi donc portez-vous des vieux chapeaux comme ça? un jeune homme comme vous, ça doit avoir de beaux habits. Savez-vous, monsieur Marius? le père Mabeuf vous appelle le baron Marius je ne sais plus quoi. Pas vrai que vous n'êtes pas baron? les barons c'est des vieux, ça va au Luxembourg devant le château où il y a le plus de soleil, ça lit la *Quotidienne* pour un sou. J'ai été une fois pour une lettre chez un baron qui était comme ça. Il avait plus de cent ans. Dites donc, où est-ce que vous demeurez à présent?

Marius ne répondit pas.

— Ah! continua-t-elle, vous avez un trou à votre chemise. Il faudra que je vous recouse cela.

Elle reprit avec une expression qui s'assombrissait peu à peu :

— Vous n'avez pas l'air content de me voir?

Marius se taisait; elle garda elle-même un instant le silence, puis s'écria :

— Si je voulais pourtant, je vous forcerais bien à avoir l'air content!

— Quoi? demanda Marius. Que voulez-vous dire?

— Ah! vous me disiez tu! reprit-elle.

— Eh bien, que veux-tu dire?

Elle se mordit la lèvre; elle semblait hésiter, comme en proie à une sorte de combat intérieur. Enfin elle parut prendre son parti.

— Tant pis, c'est égal. Vous avez l'air triste, je veux que vous soyez content. Promettez-moi seulement que vous allez rire. Je veux vous voir rire et vous voir dire : Ah bien! c'est bon. Pauvre monsieur Marius! vous savez! vous m'avez promis que vous me donneriez tout ce que je voudrais...

— Oui! mais parle donc!

Elle regarda Marius dans le blanc des yeux et lui dit :

— J'ai l'adresse.

Marius pâlit. Tout son sang reflua à son cœur.

— Quelle adresse?

— L'adresse que vous m'avez demandée!

Elle ajouta comme si elle faisait effort :

— L'adresse... vous savez bien?

— Oui! bégaya Marius.

— De la demoiselle!

Ce mot prononcé, elle soupira profondément.

Marius sauta du parapet où il était assis et lui prit éperdument la main.

— Oh! Eh bien! conduis-moi! dis-moi! demande-moi tout ce que tu voudras! Où est-ce?

— Venez avec moi, répondit-elle. Je ne sais pas bien la rue et le numéro; c'est tout de l'autre côté d'ici, mais je connais bien la maison, je vais vous conduire.

Elle retira sa main et reprit, d'un ton qui eût navré un observateur, mais qui n'effleura même pas Marius ivre et transporté :

— Oh! comme vous êtes content!

Un nuage passa sur le front de Marius. Il saisit Éponine par le bras :

— Jure-moi une chose!

— Jurer? dit-elle, qu'est-ce que cela veut dire? Tiens! vous voulez que je jure?

Et elle rit.

— Ton père! promets-moi, Éponine! jure-moi que tu ne diras pas cette adresse à ton père!

Elle se tourna vers lui d'un air stupéfait.

— Éponine! Comment savez-vous que je m'appelle Éponine?

— Promets-moi ce que je te dis!

Mais elle semblait ne pas l'entendre.

— C'est gentil ça! vous m'avez appelée Éponine!

Marius lui prit les deux bras à la fois.

— Mais réponds-moi donc, au nom du ciel! fais attention à ce que je te dis, jure-moi que tu ne diras pas l'adresse que tu sais à ton père!

— Mon père? dit-elle. Ah oui, mon père! soyez donc tranquille. Il est au secret. D'ailleurs est-ce que je m'occupe de mon père!

— Mais tu ne me promets pas! s'écria Marius.

— Mais lâchez-moi donc! dit-elle en éclatant de

rire, comme vous me secouez! Si! si! je vous promets ça! je vous jure ça! qu'est-ce que cela me fait? je ne dirai pas l'adresse à mon père. Là! ça va-t-il? c'est-il ça?

— Ni à personne? fit Marius.

— Ni à personne.

— A présent, reprit Marius, conduis-moi.

— Tout de suite?

— Tout de suite.

— Venez. — Oh! comme il est content! dit-elle.

Après quelques pas, elle s'arrêta.

— Vous me suivez de trop près, monsieur Marius. Laissez-moi aller devant, et suivez-moi comme cela, sans faire semblant. Il ne faut pas qu'on voie un jeune homme bien, comme vous, avec une femme comme moi.

Aucune langue ne saurait dire tout ce qu'il y avait dans ce mot, femme, ainsi prononcé par cette enfant.

Elle fit une dizaine de pas, et s'arrêta encore; Marius la rejoignit. Elle lui adressa la parole de côté et sans se tourner vers lui :

— A propos, vous savez que vous m'avez promis quelque chose?

Marius fouilla dans sa poche. Il ne possédait au monde que les cinq francs destinés au père Thénardier. Il les prit, et les mit dans la main d'Éponine.

Elle ouvrit les doigts et laissa tomber la pièce à terre, et le regardant d'un air sombre :

— Je ne veux pas de votre argent, dit-elle.

LIVRE TROISIÈME

LA MAISON DE LA RUE PLUMET

I

LA MAISON A SECRET

Vers le milieu du siècle dernier, un président à mortier au parlement de Paris ayant une maîtresse et s'en cachant, car à cette époque les grands seigneurs montraient leurs maîtresses et les bourgeois les cachaient, fit construire « une petite mai- « son » faubourg Saint-Germain, dans la rue déserte de Blomet, qu'on nomme aujourd'hui rue Plumet, non loin de l'endroit qu'on appelait alors le *Combat des Animaux*.

Cette maison se composait d'un pavillon à un seul étage; deux salles au rez-de-chaussée, deux chambres au premier, en bas une cuisine, en haut un boudoir, sous le toit un grenier, le tout précédé d'un jardin avec large grille donnant sur la rue. Ce jardin avait environ un arpent. C'était là tout ce que les passants pouvaient entrevoir ; mais en arrière du pavillon il y avait une cour étroite et au fond de la cour un logis bas de deux pièces sur cave, espèce d'en-cas destiné à dissimuler au besoin un enfant et une nourrice. Ce logis communiquait, par derrière, par une porte masquée et ouvrant à secret, avec un long couloir étroit, pavé, sinueux, à ciel ouvert, bordé de deux hautes murailles, lequel, caché avec un art prodigieux et comme perdu entre les clôtures des jardins et des cultures dont il suivait tous les angles et tous les détours, allait aboutir à une autre porte également à secret qui s'ouvrait à un demi-quart de lieue de là, presque dans un autre quartier, à l'extrémité solitaire de la rue de Babylone.

M. le président s'introduisait par là, si bien que ceux-là mêmes qui l'eussent épié et suivi et qui eussent observé que M. le président se rendait tous les jours mystérieusement quelque part, n'eussent pu se douter qu'aller rue de Babylone c'était aller rue Blomet. Grâce à d'habiles achats de terrains, l'ingénieux magistrat avait pu faire faire ce travail de voirie secrète chez lui, sur sa propre terre, et par conséquent sans contrôle. Plus tard il avait revendu par petites parcelles pour jardins et cultures les lots de terre riverains du corridor, et les propriétaires de ces lots de terre croyaient des deux côtés avoir devant les yeux un mur mitoyen, et ne soupçonnaient pas même l'existence de ce long ruban de pavé serpentant entre deux murailles parmi leurs plates-bandes et leurs vergers. Les oiseaux seuls voyaient cette curiosité. Il est probable que les fauvettes et les mésanges du siècle dernier avaient fort jasé sur le compte de M. le président.

Le pavillon, bâti en pierre dans le goût Mansard, lambrissé, et meublé dans le goût Watteau, rocaille au dedans, perruque au dehors, muré d'une triple haie de fleurs, avait quelque chose de discret, de coquet et de solennel comme il sied à un caprice de l'amour et de la magistrature.

Cette maison et ce couloir, qui ont disparu aujourd'hui, existaient encore il y a une quinzaine d'années. En 93, un chaudronnier avait acheté la maison pour la démolir, mais n'ayant pu en payer le prix, la nation le mit en faillite. De sorte que ce fut la maison qui démolit le chaudronnier. Depuis la maison resta inhabitée, et tomba lentement en ruine, comme toute demeure à laquelle la présence de l'homme ne communique plus la vie. Elle était restée meublée de ses vieux meubles et toujours à vendre ou à louer, et les dix ou douze personnes qui passent par an rue Plumet en étaient averties par un écriteau jaune et illisible accroché à la grille du jardin depuis 1810.

Vers la fin de la restauration, ces mêmes passants purent remarquer que l'écriteau avait disparu, et que, même, les volets du premier étage étaient ouverts. La maison en effet était occupée. Les fenêtres avaient « des petits rideaux, » signe qu'il y avait une femme.

Au mois d'octobre 1829, un homme d'un certain âge s'était présenté et avait loué la maison telle qu'elle était, y compris, bien entendu, l'arrière-corps de logis et le couloir qui allait aboutir à la rue de Babylone. Il avait fait rétablir les ouvertures à secret des deux portes de ce passage. La maison, nous venons de le dire, était encore à peu près meublée des vieux ameublements du président, le nouveau locataire avait ordonné quelques réparations, ajouté çà et là ce qui manquait, remis des pavés à la cour, des briques aux carrelages, des marches à l'escalier, des feuilles aux parquets et des vitres aux croisées, et enfin était venu s'installer avec une jeune fille et une servante âgée, sans bruit, plutôt comme quelqu'un qui se glisse que comme quelqu'un qui entre chez soi. Les voisins n'en jasèrent point, par la raison qu'il n'y avait pas de voisins.

Ce locataire peu à effet était Jean Valjean, la jeune fille était Cosette. La servante était une fille appelée Toussaint que Jean Valjean avait sauvée de l'hôpital et de la misère et qui était vieille, provinciale et bègue, trois qualités qui avaient déterminé Jean Valjean à la prendre avec lui. Il avait loué la maison sous le nom de M. Fauchelevent, rentier. Dans tout ce qui a été raconté plus haut, le lecteur a sans doute moins tardé encore que Thénardier à reconnaître Jean Valjean.

Pourquoi Jean Valjean avait-il quitté le couvent du Petit-Picpus? Que s'était-il passé? Il ne s'était rien passé.

On s'en souvient, Jean Valjean était heureux dans le couvent, si heureux que sa conscience finit par s'inquiéter. Il voyait Cosette tous les jours, il sentait la paternité naître et se développer en lui de plus en plus, il couvait de l'âme cette enfant, il se disait qu'elle était à lui, que rien ne pouvait la lui enlever, que cela serait ainsi indéfiniment, que certainement elle se ferait religieuse, y étant chaque jour doucement provoquée, qu'ainsi le couvent était désormais l'univers pour elle comme pour lui, qu'il y vieillirait et qu'elle y grandirait, qu'elle y vieillirait et qu'il y mourrait; qu'enfin, ravissante espérance, aucune séparation n'était possible. En réfléchissant à ceci, il en vint à tomber dans des perplexités. Il s'interrogea. Il se demandait si tout ce bonheur était bien à lui, s'il ne se composait pas du bonheur d'un autre, du bonheur de cette enfant qu'il confisquait et qu'il dérobait, lui vieillard; si ce n'était point là un vol? Il se disait que cette enfant avait le droit de connaître la vie avant d'y renoncer, que lui retrancher, d'avance et en quelque sorte sans la consulter, toutes les joies sous prétexte de lui sauver toutes les épreuves, profiter de son ignorance et de son isolement pour lui faire germer une vocation artificielle, c'était dénaturer une créature humaine et mentir à Dieu. Et qui sait si, se rendant compte un jour de tout cela et religieuse à regret, Cosette n'en viendrait pas à le haïr? Dernière pensée, presque égoïste et moins héroïque que les autres, mais qui lui était insupportable. Il résolut de quitter le couvent.

Il le résolut, il reconnut avec désolation qu'il le fallait. Quant aux objections, il n'y en avait pas. Cinq ans de séjour entre ces quatre murs et de disparition avaient nécessairement détruit ou dispersé les éléments de crainte. Il pouvait rentrer parmi les hommes tranquillement. Il avait vieilli, et tout avait changé. Qui le reconnaîtrait maintenant? Et puis, à voir le pire, il n'y avait de danger que pour lui-même, et il n'avait pas le droit de condamner Cosette au cloître par la raison qu'il avait été condamné au bagne. D'ailleurs, qu'est-ce que le danger devant le devoir? Enfin, rien ne l'empêchait d'être prudent et de prendre ses précautions.

Quant à l'éducation de Cosette, elle était à peu près terminée et complète.

Une fois sa détermination arrêtée, il attendit l'occasion. Elle ne tarda pas à se présenter. Le vieux Fauchelevent mourut.

Jean Valjean demanda audience à la révérende prieure et lui dit qu'ayant fait à la mort de son frère un petit héritage qui lui permettait de vivre désormais sans travailler, il quittait le service du couvent, et emmenait sa fille ; mais que, comme il n'était pas juste que Cosette, ne prononçant point ses vœux, eût été élevée gratuitement, il suppliait humblement la révérende prieure de trouver bon qu'il offrît à la communauté, comme indemnité des cinq années que Cosette y avait passées, une somme de cinq mille francs.

C'est ainsi que Jean Valjean sortit du couvent de l'Adoration Perpétuelle.

En quittant le couvent, il prit lui-même dans ses bras et ne voulut confier à aucun commissionnaire la petite valise dont il avait toujours la clef sur lui. Cette valise intriguait Cosette, à cause de l'odeur d'embaumement qui en sortait.

Disons tout de suite que désormais cette malle ne le quitta plus. Il l'avait toujours dans sa chambre. C'était la première et quelquefois l'unique chose qu'il emportait dans ses déménagements. Cosette en riait et appelait cette valise *l'inséparable,* disant : J'en suis jalouse.

Jean Valjean du reste ne reparut pas à l'air libre sans une profonde anxiété.

Il découvrit la maison de la rue Plumet et s'y blottit. Il était désormais en possession du nom d'Ultime Fauchelevent.

En même temps il loua deux autres appartements dans Paris, afin de moins attirer l'attention que s'il fût toujours resté dans le même quartier, de pouvoir faire au besoin des absences à la moindre inquiétude qui le prendrait, et enfin de ne plus se trouver au dépourvu comme la nuit où il avait si miraculeusement échappé à Javert. Ces deux appartements étaient deux logis fort chétifs et d'apparence pauvre, dans deux quartiers très-éloignés l'un de l'autre, l'un rue de l'Ouest, l'autre rue de l'Homme-Armé.

Il allait de temps en temps, tantôt rue de l'Homme-Armé, tantôt rue de l'Ouest, passer un mois ou six semaines avec Cosette sans emmener Toussaint. Il s'y faisait servir par les portiers et s'y donnait pour un rentier de la banlieue ayant un pied-à-terre en ville. Cette haute vertu avait trois domiciles dans Paris pour échapper à la police.

II

JEAN VALJEAN GARDE NATIONAL

Du reste, à proprement parler, il vivait rue Plumet et il y avait arrangé son existence de la façon que voici :

Cosette avec la servante occupait le pavillon; elle avait la grande chambre à coucher aux trumeaux peints, le boudoir aux baguettes dorées, le salon du président meublé de tapisseries et de vastes fauteuils; elle avait le jardin. Jean Valjean avait fait mettre dans la chambre de Cosette un lit à baldaquin d'ancien damas à trois couleurs, et un vieux et beau tapis de Perse acheté rue du Figuier-Saint-Paul chez la mère Gaucher, et, pour corriger la sévérité de ces vieilleries magnifiques, il avait amalgamé à ce bric-à-brac tous les petits meubles gais et gracieux des jeunes filles, l'étagère, la bibliothèque et les livres dorés, la papeterie, le buvard, la table à ouvrage incrustée de nacre, le nécessaire de vermeil, la toilette en porcelaine du Japon. De longs rideaux de damas fond rouge à trois couleurs pareils au lit pendaient aux fenêtres du premier étage. Au rez-de-chaussée, des rideaux de tapisserie. Tout l'hiver la petite maison de Cosette était chauffée du haut en bas. Lui, il habitait l'espèce de loge de portier qui était dans la cour du fond, avec un matelas sur un lit de sangle, une table de bois blanc, deux chaises de paille, un pot à l'eau de faïence, quelques bouquins sur une planche, sa chère valise dans un coin, jamais de feu. Il dînait avec Cosette, et il y avait un pain bis pour lui sur la table. Il avait dit à Toussaint lorsqu'elle était entrée : — C'est mademoiselle qui est la maîtresse de la maison. — Et vous, mo-onsieur ? avait répliqué Toussaint stupéfaite. — Moi, je suis bien mieux que le maître, je suis le père.

Cosette au couvent avait été dressée au ménage et réglait la dépense qui était fort modeste. Tous les jours Jean Valjean prenait le bras de Cosette et la menait promener. Il la conduisait au Luxembourg, dans l'allée la moins fréquentée, et tous les dimanches à la messe, toujours à Saint-Jacques-du-Haut-Pas, parce que c'était fort loin. Comme c'est un quartier très-pauvre, il y faisait beaucoup l'aumône, et les malheureux l'entouraient dans l'église, ce qui lui avait valu l'épître des Thénardier : *Au monsieur bienfaisant de l'église Saint-Jacques-du-Haut-Pas.* Il menait volontiers Cosette visiter les indigents et les malades. Aucun étranger n'entrait dans la maison de la rue Plumet. Toussaint apportait les provisions, et Jean Valjean allait lui-même chercher l'eau à une prise d'eau qui était tout proche sur le boulevard. On mettait le bois et le vin dans une espèce de renfoncement demi-souterrain tapissé de rocailles qui avoisinait la porte de la rue de Babylone et qui autrefois avait servi de grotte à M. le président ; car au temps des Folies et des

Petites-Maisons, il n'y avait pas d'amour sans grotte.

Il y avait dans la porte bâtarde de la rue de Babylone une de ces boîtes-tirelires destinées aux lettres et aux journaux ; seulement, les trois habitants du pavillon de la rue Plumet ne recevant ni journaux ni lettres, toute l'utilité de la boîte, jadis entremetteuse d'amourettes et confidente d'un robin-dameret, était maintenant limitée aux avis du percepteur des contributions et aux billets de garde. Car M. Fauchelevent, rentier, était de la garde nationale ; il n'avait pu échapper aux mailles étroites du recensement de 1831. Les renseignements municipaux pris à cette époque étaient remontés jusqu'au couvent du Petit-Picpus, sorte de nuée impénétrable et sainte d'où Jean Valjean était sorti vénérable aux yeux de sa mairie, et, par conséquent, digne de monter sa garde.

Trois ou quatre fois l'an, Jean Valjean endossait son uniforme et faisait sa faction ; très-volontiers d'ailleurs ; c'était pour lui un déguisement correct qui le mêlait à tout le monde en le laissant solitaire. Jean Valjean venait d'atteindre ses soixante ans, âge de l'exemption légale ; mais il n'en paraissait pas plus de cinquante; d'ailleurs, il n'avait aucune envie de se soustraire à son sergent-major et de chicaner le comte de Lobau; il n'avait pas d'état civil; il cachait son nom, il cachait son identité, il cachait son âge, il cachait tout; et, nous venons de le dire, c'était un garde national de bonne volonté. Ressembler au premier venu qui paye ses contributions, c'était là toute son ambition. Cet homme avait pour idéal, au dedans, l'ange, au dehors, le bourgeois.

Notons un détail pourtant : quand Jean Valjean sortait avec Cosette, il s'habillait comme on l'a vu et avait assez l'air d'un ancien officier. Lorsqu'il sortait seul, et c'était le plus habituellement le soir, il était toujours vêtu d'une veste et d'un pantalon d'ouvrier, et coiffé d'une casquette qui lui cachait le visage. Était-ce précaution, ou humilité? Les deux à la fois. Cosette était accoutumée au côté énigmatique de sa destinée et remarquait à peine les singularités de son père. Quant à Toussaint, elle vénérait Jean Valjean, et trouvait bon tout ce qu'il faisait. — Un jour, son boucher, qui avait entrevu Jean Valjean, lui dit : C'est un drôle de corps. Elle répondit : C'est un-un saint.

Ni Jean Valjean, ni Cosette, ni Toussaint n'entraient et ne sortaient jamais que par la porte de la rue de Babylone. A moins de les apercevoir par la grille du jardin, il était difficile de deviner qu'ils demeuraient rue Plumet. Cette grille restait toujours fermée. Jean Valjean avait laissé le jardin inculte, afin qu'il n'attirât pas l'attention.

En cela il se trompait peut-être.

III

FOLIIS AC FRONDIBUS

Ce jardin ainsi livré à lui-même depuis plus d'un demi-siècle était devenu extraordinaire et charmant. Les passants d'il y a quarante ans s'arrêtaient dans cette rue pour le contempler, sans se douter des secrets qu'il dérobait derrière ses épaisseurs fraîches et vertes. Plus d'un songeur à cette époque a laissé bien des fois ses yeux et sa pensée pénétrer indiscrètement à travers les barreaux de l'antique grille cadenassée, tordue, branlante, scellée à deux piliers verdis et moussus, bizarrement couronnée d'un fronton d'arabesques indéchiffrables.

Il y avait un banc de pierre dans un coin, une ou deux statues moisies, quelques treillages décloués par le temps pourrissant sur le mur, du reste plus d'allées ni de gazon ; du chiendent partout. Le jardinage était parti, et la nature était revenue. Les mauvaises herbes abondaient, aventure admirable pour un pauvre coin de terre. La fête des giroflées y était splendide. Rien dans ce jardin ne contrariait l'effort sacré des choses vers la vie ; la croissance vénérable était là chez elle. Les arbres s'étaient baissés vers les ronces, les ronces étaient montées vers les arbres, la plante avait grimpé, la branche avait fléchi, ce qui rampe sur la terre avait été trouver ce qui s'épanouit dans l'air, ce qui flotte au vent s'était penché vers ce qui se traîne dans la mousse ; troncs, rameaux, feuilles, fibres, touffes, vrilles, sarments, épines, s'étaient mêlés, traversés, mariés, confondus ; la végétation, dans un embrassement étroit et profond, avait célébré et accompli là, sous l'œil satisfait du créateur, en cet enclos de trois cents pieds carrés, le saint mystère de sa fraternité, symbole de la fraternité humaine. Ce jardin n'était plus un jardin, c'était une broussaille colossale; c'est-à-dire quelque chose qui est impénétrable comme une forêt, peuplé comme une ville, frissonnant comme un nid, sombre comme une cathédrale, odorant comme un bouquet, solitaire comme une tombe, vivant comme une foule.

En floréal, cet énorme buisson, libre derrière sa grille et dans ses quatre murs, entrait en rut dans le sourd travail de la germination universelle, tressaillait au soleil levant presque comme une bête qui aspire les effluves de l'amour cosmique et qui sent la séve d'avril monter et bouillonner dans ses veines, et, secouant au vent sa prodigieuse chevelure verte, semait sur la terre humide, sur les statues frustes, sur le perron croulant du pavillon et jusque sur le pavé de la rue déserte, les fleurs en étoiles, la rosée en perles, la fécondité, la beauté, la vie, la joie, les parfums. A midi mille papillons blancs s'y réfugiaient, et c'était un spectacle divin de voir là tourbillonner en flocons dans l'ombre cette neige vivante de l'été.

Là, dans ces gaies ténèbres de la verdure, une foule de voix innocentes parlaient doucement à l'âme, et ce que les gazouillements avaient oublié de dire, les bourdonnements le complétaient. Le soir une vapeur de rêverie se dégageait du jardin et l'enveloppait; un linceul de brume, une tristesse céleste et calme, le couvraient; l'odeur si enivrante des chèvrefeuilles et des liserons en sortait de toute part comme un poison exquis et subtil; on entendait les derniers appels des grimpereaux et des bergeronnettes s'assoupissant sous les branchages; on y sentait cette intimité sacrée de l'oiseau et de l'arbre; le jour les ailes réjouissent les feuilles, la nuit les feuilles protégent les ailes.

L'hiver, la broussaille était noire, mouillée, hérissée, grelottante, et laissait un peu voir la maison. On apercevait, au lieu de fleurs dans les rameaux et de rosée dans les fleurs, les longs rubans d'argent des limaces sur le froid et épais tapis des feuilles jaunes; mais de toute façon, sous tout aspect, en toute saison, printemps, hiver, été, automne, ce petit enclos respirait la mélancolie, la contemplation, la solitude, la liberté, l'absence de l'homme, la présence de Dieu; et la vieille grille rouillée avait l'air de dire : ce jardin est à moi.

Le pavé de Paris avait beau être là tout autour, les hôtels classiques et splendides de la rue de Varennes à deux pas, le dôme des Invalides tout près, la Chambre des députés pas loin; les carrosses de la rue de Bourgogne et de la rue Saint-Dominique avaient beau rouler fastueusement dans le voisinage, les omnibus jaunes, bruns, blancs, rouges, avaient beau se croiser dans le carrefour prochain, le désert était rue Plumet ; et la mort des anciens propriétaires, une révolution qui avait passé, l'écroulement des antiques fortunes, l'absence, l'oubli, quarante ans d'abandon et de viduité, avaient suffi pour ramener dans ce lieu privilégié les fougères, les bouillons-blancs, les ciguës, les achillées, les hautes herbes, les grandes plantes gaufrées aux larges feuilles de drap vert pâle, les lézards, les scarabées, les insectes inquiets et rapides ; pour faire sortir des profondeurs de la terre et reparaître entre ces quatre murs je ne sais quelle grandeur sauvage et farouche ; et pour que la nature, qui déconcerte les arrangements mesquins de l'homme et qui se répand toujours tout entière là où elle se répand, aussi bien dans la fourmi que dans l'aigle, en vint à s'épanouir dans un méchant petit jardin parisien avec autant de rudesse et de majesté que dans une forêt vierge du Nouveau Monde.

Rien n'est petit en effet ; quiconque est sujet aux pénétrations profondes de la nature, le sait. Bien qu'aucune satisfaction absolue ne soit donnée à la philosophie, pas plus de circonscrire la cause que de limiter l'effet, le contemplateur tombe dans des extases sans fond à cause de toutes ces décompositions de forces aboutissant à l'unité. Tout travaille à tout.

L'algèbre s'applique aux nuages; l'irradiation de l'astre profite à la rose; aucun penseur n'oserait dire que le parfum de l'aubépine est inutile aux constellations. Qui donc peut calculer le trajet d'une molécule? que savons-nous si des créations de mondes ne sont point déterminées par des chutes de grains de sable? qui donc connaît les flux et les reflux réciproques de l'infiniment grand et de l'infiniment petit, le retentissement des causes dans les précipices de l'être, et les avalanches de la création? Un ciron importe; le petit est grand, le grand est petit ; tout est en équilibre dans la nécessité ; effrayante vision pour l'esprit. Il y a entre les êtres et les choses des relations de prodige ; dans cet inépuisable ensemble, de soleil à puceron, on ne se méprise pas; on a besoin les uns des autres. La lumière n'emporte pas dans l'azur les parfums terrestres sans savoir ce qu'elle en fait ; la nuit fait des distributions d'essence stellaire aux fleurs endormies. Tous les oiseaux qui volent ont à la patte le fil de l'infini. La germination se complique de l'éclosion d'un météore et du coup de bec de l'hirondelle brisant l'œuf, et elle mène de front la naissance d'un ver de terre et l'avénement de Socrate. Où finit le télescope, le microscope commence. Lequel des deux a la vue la plus grande ? Choisissez. Une moisissure est une pléiade de fleurs ; une nébuleuse est une fourmilière d'étoiles. Même promiscuité, et plus inouïe encore, des choses de l'intelligence et des faits de la substance. Les éléments et les principes se mêlent, se combinent, s'épousent, se multiplient les uns par les autres, au point de faire aboutir le monde matériel et le monde moral à la même clarté. Le phénomène est en perpétuel repli sur lui-même. Dans les vastes échanges cosmiques, la vie universelle va et vient en quantités inconnues, roulant tout dans l'invisible mystère des effluves, employant tout, ne perdant pas un rêve de pas un sommeil, semant un animalcule ici, émiettant un astre là, oscillant et serpentant, faisant de la lumière une force et de la pensée un élément, disséminée et indivisible, dissolvant tout, excepté ce point géométrique, le moi; ramenant tout à l'âme-atome; épanouissant tout en Dieu; enchevêtrant, depuis la plus haute jusqu'à la plus basse, toutes les activités dans l'obscurité d'un mécanisme vertigineux, rattachant le vol d'un insecte au mouvement de la terre, subordonnant, qui sait? ne fût-ce que par l'identité de la loi, l'évolution de la comète dans le firmament au tournoiement de l'infusoire dans la goutte d'eau. Machine faite d'esprit. Engrenage énorme dont le premier moteur est le moucheron et dont la dernière roue est le zodiaque.

IV

CHANGEMENT DE GRILLE

Il semblait que ce jardin, créé autrefois pour cacher les mystères libertins, se fût transformé et fût devenu propre à abriter les mystères chastes. Il n'avait plus ni berceaux, ni boulingrins, ni tonnelles, ni grottes; il avait une magnifique obscurité échevelée tombant comme un voile de toutes parts. Paphos s'était refait Éden. On ne sait quoi de repentant avait assaini cette retraite. Cette bouquetière offrait maintenant ses fleurs à l'âme. Ce coquet jardin, jadis fort compromis, était rentré dans la virginité et la pudeur. Un président assisté d'un jardinier, un bonhomme qui croyait continuer Lamoignon et un autre bonhomme qui croyait continuer Lenôtre, l'avaient contourné, taillé, chiffonné, attifé, façonné pour la galanterie ; la nature l'avait ressaisi, l'avait rempli d'ombre, et l'avait arrangé pour l'amour.

Il y avait aussi dans cette solitude un cœur qui était tout prêt. L'amour n'avait qu'à se montrer ; il avait là un temple composé de verdures, d'herbe, de mousse, de soupirs d'oiseaux, de molles ténèbres, de branches agitées, et une âme faite de douceur, de foi, de candeur, d'espoir, d'aspiration et d'illusion.

Cosette était sortie du couvent encore presque enfant ; elle avait un peu plus de quatorze ans, et elle était « dans l'âge ingrat ; » nous l'avons dit, à part les yeux, elle semblait plutôt laide que jolie ; elle n'avait cependant aucun trait disgracieux, mais elle était gauche, maigre, timide et hardie à la fois, une grande petite fille enfin.

Son éducation était terminée ; c'est-à-dire on lui

avait appris la religion, et même, et surtout la dévotion ; puis « l'histoire, » c'est-à-dire la chose qu'on appelle ainsi au couvent, la géographie, la grammaire, les participes, les rois de France, un peu de musique, à faire un nez, etc., mais du reste elle ignorait tout, ce qui est un charme et un péril. L'âme d'une jeune fille ne doit pas être laissée obscure ; plus tard, il s'y fait des mirages trop brusques et trop vifs comme dans une chambre noire. Elle doit être doucement et discrètement éclairée, plutôt du reflet des réalités que de leur lumière directe et dure. Demi-jour utile et gracieusement austère qui dissipe les peurs puériles et empêche les chutes. Il n'y a que l'instinct maternel, intuition admirable où entrent les souvenirs de la vierge et l'expérience de la femme, qui sache comment et de quoi doit être fait ce demi-jour. Rien ne supplée à cet instinct. Pour former l'âme d'une jeune fille, toutes les religieuses du monde ne valent pas une mère.

Cosette n'avait pas eu de mère. Elle n'avait eu que beaucoup de mères, au pluriel.

Quant à Jean Valjean, il y avait bien en lui toutes les tendresses à la fois, et toutes les sollicitudes; mais ce n'était qu'un vieux homme qui ne savait rien du tout.

Or, dans cette œuvre de l'éducation, dans cette grave affaire de la préparation d'une femme à la vie, que de science il faut pour lutter contre cette grande ignorance qu'on appelle l'innocence !

Rien ne prépare une jeune fille aux passions comme le couvent. Le couvent tourne la pensée du côté de l'inconnu. Le cœur, replié sur lui-même, se creuse, ne pouvant s'épancher, et s'approfondit, ne pouvant s'épanouir. De là des visions, des suppositions, des conjectures, des romans ébauchés, des aventures souhaitées, des constructions fantastiques, des édifices tout entiers bâtis dans l'obscurité intérieure de l'esprit, sombres et secrètes demeures où les passions trouvent tout de suite à se loger dès que la grille franchie leur permet d'entrer. Le couvent est une compression qui pour triompher du cœur humain doit durer toute la vie.

En quittant le couvent, Cosette ne pouvait rien trouver de plus doux et de plus dangereux que la maison de la rue Plumet. C'était la continuation de la solitude avec le commencement de la liberté; un jardin fermé, mais une nature âcre, riche, voluptueuse et odorante; les mêmes songes que dans le couvent, mais de jeunes hommes entrevus; une grille, mais sur la rue.

Cependant, nous le répétons, quand elle y arriva, elle n'était encore qu'une enfant. Jean Valjean lui livra ce jardin inculte. — Fais-y tout ce que tu voudras, lui disait-il. Cela amusait Cosette; elle en remuait tous les touffes et toutes les pierres, elle y cherchait « des bêtes; » elle y jouait, en attendant qu'elle y rêvât; elle aimait ce jardin pour les insectes qu'elle y trouvait sous ses pieds à travers l'herbe, en attendant qu'elle l'aimât pour les étoiles qu'elle y verrait dans les branches au-dessus de sa tête.

Et puis, elle aimait son père, c'est-à-dire Jean Valjean, de toute son âme, avec une naïve passion filiale qui lui faisait du bonhomme un compagnon désiré et charmant. On se souvient que M. Madeleine lisait beaucoup; Jean Valjean avait continué; il en était venu à causer bien; il avait la richesse secrète et l'éloquence d'une intelligence humble et vraie qui s'est spontanément cultivée. Il lui était resté juste assez d'âpreté pour assaisonner sa bonté; c'était un esprit rude et un cœur doux. Au

Luxembourg, dans leurs tête-à-tête, il faisait de longues explications de tout, puisant dans ce qu'il avait lu, puisant aussi dans ce qu'il avait souffert. Tout en l'écoutant, les yeux de Cosette erraient vaguement.

Cet homme simple suffisait à la pensée de Cosette, de même que ce jardin sauvage à ses yeux. Quand elle avait bien poursuivi les papillons, elle arrivait près de lui essoufflée et disait : Ah! comme j'ai couru! Il la baisait au front.

Cosette adorait le bonhomme. Elle était toujours sur ses talons. Là où était Jean Valjean était le bien-être. Comme Jean Valjean n'habitait ni le pavillon, ni le jardin, elle se plaisait mieux dans l'arrière-cour pavée que dans l'enclos plein de fleurs, et dans la petite loge meublée de chaises de paille que dans le grand salon tendu de tapisseries où s'adossaient des fauteuils capitonnés. Jean Valjean lui disait quelquefois en souriant du bonheur d'être importuné : — Mais va-t'en chez toi! laisse-moi donc un peu seul!

Elle lui faisait de ces charmantes gronderies tendres qui ont tant de grâce remontant de la fille au père.

— Père, j'ai très-froid chez vous ; pourquoi ne mettez-vous pas ici un tapis et un poêle?

— Chère enfant, il y a tant de gens qui valent mieux que moi et qui n'ont même pas un toit sur leur tête.

— Alors pourquoi y a-t-il du feu chez moi et tout ce qu'il faut?

— Parce que tu es une femme et un enfant.

— Bah! les hommes doivent donc avoir froid et être mal?

— Certains hommes.

— C'est bon, je viendrai si souvent ici que vous serez bien obligé d'y faire du feu.

Elle lui disait encore :

— Père, pourquoi mangez-vous du vilain pain comme cela?

— Parce que, ma fille.

— Eh bien, si vous en mangez, j'en mangerai.

Alors, pour que Cosette ne mangeât pas de pain noir, Jean Valjean mangeait du pain blanc.

Cosette ne se rappelait que confusément son enfance. Elle priait matin et soir pour sa mère qu'elle n'avait pas connue. Les Thénardier lui étaient restés comme deux figures hideuses à l'état de rêve.

Elle se rappelait qu'elle avait été « un jour, la nuit » chercher de l'eau dans un bois. Elle croyait que c'était très-loin de Paris. Il lui semblait qu'elle avait commencé à vivre dans un abîme et que c'était Jean Valjean qui l'en avait tirée. Son enfance lui faisait l'effet d'un temps où il n'y avait autour d'elle que des mille-pieds, des araignées et des serpents. Quand elle songeait le soir avant de s'endormir, comme elle n'avait pas une idée très-nette d'être la fille de Jean Valjean et qu'il fût son père, elle s'imaginait que l'âme de sa mère avait passé dans ce bonhomme et était venue demeurer auprès d'elle.

Lorsqu'il était assis, elle appuyait sa joue sur ses cheveux blancs et y laissait silencieusement tomber une larme en se disant : C'est peut-être ma mère, cet homme-là !

Cosette, quoique ceci soit étrange à énoncer, dans sa profonde ignorance de fille élevée au couvent, la maternité d'ailleurs étant absolument inintelligible à la virginité, avait fini par se figurer qu'elle avait eu aussi peu de mère que possible. Cette mère, elle ne savait pas même son nom. Toutes les fois qu'il lui arrivait de le demander à

Jean Valjean, Jean Valjean se taisait. Si elle répétait sa question, il répondait par un sourire. Une fois elle insista; le sourire s'acheva par une larme.

Ce silence de Jean Valjean couvrait de nuit Fantine.

Était-ce prudence? était-ce respect? était-ce crainte de livrer ce nom aux hasards d'une autre mémoire que la sienne?

Tant que Cosette avait été petite, Jean Valjean lui avait volontiers parlé de sa mère; quand elle fut jeune fille, cela lui fut impossible. Il lui sembla qu'il n'osait plus. Était-ce à cause de Cosette? était-ce à cause de Fantine? Il éprouvait une sorte d'horreur religieuse à faire entrer cette ombre dans la pensée de Cosette, et à mettre la morte en tiers dans leur destinée. Plus cette ombre lui était sacrée, plus elle lui semblait redoutable. Il songeait à Fantine et se sentait accablé de silence. Il voyait vaguement dans les ténèbres quelque chose qui ressemblait à un doigt sur une bouche. Toute cette pudeur qui avait été dans Fantine et qui, pendant sa vie, était sortie d'elle violemment, était-elle revenue après sa mort se poser sur elle, veiller, indignée, sur la paix de cette morte, et, farouche, la garder dans sa tombe? Jean Valjean, à son insu, en subissait-il la pression? Nous qui croyons en la mort, nous ne sommes pas de ceux qui rejetteraient cette explication mystérieuse. De là l'impossibilité de prononcer, même pour Cosette, ce nom : Fantine.

Un jour Cosette lui dit :

— Père, j'ai vu cette nuit ma mère en songe. Elle avait deux grandes ailes. Ma mère dans sa vie doit avoir touché à la sainteté.

— Par le martyre, répondit Jean Valjean.

Du reste, Jean Valjean était heureux.

Quand Cosette sortait avec lui, elle s'appuyait sur son bras, fière, heureuse, dans la plénitude du cœur. Jean Valjean, à toutes ces marques d'une tendresse si exclusive et si satisfaite de lui seul, sentait sa pensée se fondre en délices. Le pauvre homme tressaillait inondé d'une joie angélique; il s'affirmait avec transport que cela durerait toute la vie; il se disait qu'il n'avait vraiment pas assez souffert pour mériter un si radieux bonheur, et il remerciait Dieu, dans les profondeurs de son âme, d'avoir permis qu'il fût ainsi aimé, lui misérable, par cet être innocent.

V

LA ROSE S'APERÇOIT QU'ELLE EST UNE MACHINE
DE GUERRE

Un jour Cosette se regarda par hasard dans son miroir et se dit : Tiens! Il lui semblait presque qu'elle était jolie. Ceci la jeta dans un trouble singulier. Jusqu'à ce moment elle n'avait point songé à sa figure. Elle se voyait dans son miroir, mais elle ne s'y regardait pas. Et puis, on lui avait souvent dit qu'elle était laide; Jean Valjean seul disait doucement : Mais non! mais non! Quoi qu'il en fût, Cosette s'était toujours crue laide, et avait grandi dans cette idée avec la résignation facile de l'enfance. Voici que tout d'un coup son miroir lui disait comme Jean Valjean : Mais non! Elle ne dormit pas de la nuit. — Si j'étais jolie! pensait-elle, comme cela serait drôle que je fusse jolie! — Et elle se rappelait celles de ses compagnes dont la beauté faisait effet dans le couvent, et elle se disait : Comment ! je serais comme mademoiselle une telle !

Le lendemain elle se regarda, mais non par hasard, et elle douta : — Où avais-je l'esprit? dit-elle, non, je suis laide. — Elle avait tout simplement mal dormi, elle avait les yeux battus et elle était pâle. Elle ne s'était pas sentie très-joyeuse la veille de croire à sa beauté, mais elle fut triste de n'y plus croire. Elle ne se regarda plus, et pendant plus de quinze jours elle tâcha de se coiffer tournant le dos au miroir.

Le soir après le dîner, elle faisait assez habituellement de la tapisserie dans le salon ou quelque ouvrage de couvent, et Jean Valjean lisait à côté. Une fois elle leva les yeux de son ouvrage et elle fut toute surprise de la façon inquiète dont son père la regardait.

Une autre fois, elle passait dans la rue, et il lui sembla que quelqu'un qu'elle ne vit pas disait derrière elle : Jolie femme ! mais mal mise. — Bah ! pensa-t-elle, ce n'est pas moi. Je suis bien mise et laide. — Elle avait alors son chapeau de peluche et sa robe de mérinos.

Un jour enfin, elle était dans le jardin, et elle entendit la pauvre vieille Toussaint qui disait : Monsieur, remarquez-vous comme mademoiselle devient jolie ? Cosette n'entendit pas ce que son père répondit, les paroles de Toussaint furent pour elle une sorte de commotion. Elle s'échappa du jardin, monta à sa chambre, courut à la glace, il y avait trois mois qu'elle ne s'était regardée, et poussa un cri. Elle venait de s'éblouir elle-même.

Elle était belle et jolie ; elle ne pouvait s'empêcher d'être de l'avis de Toussaint et de son miroir. Sa taille s'était faite, sa peau avait blanchi, ses cheveux s'étaient lustrés, une splendeur inconnue s'était allumée dans ses prunelles bleues. La conscience de sa beauté lui vint tout entière, en une minute, comme un grand jour qui se fait ; les autres la remarquaient d'ailleurs, Toussaint le disait, c'était d'elle évidemment que le passant avait parlé, il n'y avait plus à douter ; elle redescendit au jardin, se croyant reine, entendant les oiseaux chanter, c'était en hiver, voyant le ciel doré, le soleil dans les arbres, des fleurs dans les buissons, éperdue, folle, dans un ravissement inexprimable.

De son côté, Jean Valjean éprouvait un profond et indéfinissable serrement de cœur.

C'est qu'en effet, depuis quelque temps, il contemplait avec terreur cette beauté qui apparaissait chaque jour plus rayonnante sur le doux visage de Cosette. Aube riante pour tous, lugubre pour lui.

Cosette avait été belle assez longtemps avant de s'en apercevoir. Mais, du premier jour, cette lumière inattendue qui se levait lentement et enveloppait par degrés toute la personne de la jeune fille blessa la paupière sombre de Jean Valjean. Il sentit que c'était un changement dans une vie heureuse, si heureuse qu'il n'osait y remuer dans la crainte d'y déranger quelque chose. Cet homme qui avait passé par toutes les détresses, qui était encore tout saignant des meurtrissures de sa destinée, qui avait été presque méchant et qui était devenu presque saint, qui, après avoir traîné la chaîne du bagne, traînait maintenant la chaîne invisible, mais pesante, de l'infamie indéfinie, cet homme que la loi n'avait pas lâché et qui pouvait être à chaque instant ressaisi et ramené de l'obscurité de sa vertu au grand jour de l'opprobre public, cet homme acceptait tout, excusait tout, pardonnait tout, bénissait tout, voulait bien tout, et ne demandait à la providence, aux hommes, aux lois, à la société, à la nature, au monde, qu'une chose, que Cosette l'aimât!

Que Cosette continuât de l'aimer! Que Dieu n'empêchât pas le cœur de cet enfant de venir à lui, et de rester à lui! Aimé de Cosette, il se trouvait guéri, reposé, apaisé, comblé, récompensé, couronné. Aimé de Cosette, il était bien! il n'en demandait pas davantage. On lui eût dit : Veux-tu être mieux? il eût répondu : Non. Dieu lui eût dit: Veux-tu le ciel? il eût répondu : J'y perdrais.

Tout ce qui pouvait effleurer cette situation, ne fût-ce qu'à la surface, le faisait frémir comme le commencement d'autre chose. Il n'avait jamais trop su ce que c'était que la beauté d'une femme ; mais, par instinct, il comprenait que c'était terrible.

Cette beauté qui s'épanouissait de plus en plus triomphante et superbe à côté de lui, sous ses yeux, sur le front ingénu et redoutable de l'enfant, du fond de sa laideur, de sa vieillesse, de sa misère, de sa réprobation, de son accablement, il la regardait effaré.

Il se disait : Comme elle est belle ! Qu'est-ce que je vais devenir, moi ?

Là du reste était la différence entre sa tendresse et la tendresse d'une mère. Ce qu'il voyait avec angoisse, une mère l'eût vu avec joie.

Les premiers symptômes ne tardèrent pas à se manifester.

Dès le lendemain du jour où elle s'était dit : Décidément, je suis belle ! Cosette fit attention à sa toilette. Elle se rappela le mot du passant : — Jolie, mais mal mise, — souffle d'oracle qui avait passé à côté d'elle et s'était évanoui après avoir déposé dans son cœur un des deux germes qui doivent plus tard emplir toute la vie de la femme, la coquetterie. L'amour est l'autre.

Avec la foi en sa beauté, toute l'âme féminine s'épanouit en elle. Elle eut horreur du mérinos et honte de la peluche. Son père ne lui avait jamais rien refusé. Elle sut tout de suite toute la science du chapeau, de la robe, du mantelet, du brodequin, de la manchette, de l'étoffe qui va, de la couleur qui sied, cette science qui fait de la femme parisienne quelque chose de si charmant, de si profond et de si dangereux. Le mot *femme capiteuse* a été inventé pour la parisienne.

En moins d'un mois la petite Cosette fut dans cette thébaïde de la rue de Babylone une des femmes, non-seulement les plus jolies, ce qui est quelque chose, mais « les mieux mises » de Paris, ce qui est bien davantage. Elle eût voulu rencontrer « son passant » pour voir ce qu'il dirait, et « pour lui apprendre! » Le fait est qu'elle était ravissante de tout point, et qu'elle distinguait à merveille un chapeau de Gérard d'un chapeau d'Herbaut.

Jean Valjean considérait ces ravages avec anxiété. Lui qui sentait qu'il ne pourrait jamais que ramper, marcher tout au plus, il voyait des ailes venir à Cosette.

Du reste, rien qu'à la simple inspection de la toilette de Cosette, une femme eût reconnu qu'elle n'avait pas de mère. Certaines petites bienséances, certaines conventions spéciales, n'étaient point observées par Cosette. Une mère, par exemple, lui eût dit qu'une jeune fille ne s'habille point en damas.

Le premier jour que Cosette sortit avec sa robe et son camail de damas noir et son chapeau de crêpe blanc, elle vint prendre le bras de Jean Valjean, gaie, radieuse, rose, fière, éclatante. — Père, dit-elle, comment me trouvez-vous ainsi? Jean Valjean répondit d'une voix qui ressemblait à la voix amère d'un envieux : — Charmante! — Il fut dans la promenade comme à l'ordinaire. En rentrant il demanda à Cosette :

— Est-ce que tu ne remettras plus ta robe et ton chapeau, tu sais?

Ceci se passait dans la chambre de Cosette. Cosette se tourna vers le portemanteau de la garde-robe où sa défroque de pensionnaire était accrochée.

— Ce déguisement! dit-elle. Père, que voulez-vous que j'en fasse? Oh! par exemple, non, je ne remettrai jamais ces horreurs. Avec ce machin-là sur la tête, j'ai l'air de madame Chien-fou.

Jean Valjean soupira profondément.

A partir de ce moment, il remarqua que Cosette, qui autrefois demandait toujours à rester, disant : Père, je m'amuse mieux ici avec vous, demandait maintenant toujours à sortir. En effet, à quoi bon avoir une jolie figure et une délicieuse toilette, si on ne les montre pas?

Il remarqua aussi que Cosette n'avait plus le même goût pour l'arrière-cour. A présent, elle se tenait plus volontiers au jardin se promenant sans déplaisir devant la grille. Jean Valjean, farouche, ne mettait pas les pieds dans le jardin. Il restait dans son arrière-cour, comme le chien.

Cosette, à se savoir belle, perdit la grâce de l'ignorer ; grâce exquise, car la beauté rehaussée de naïveté est ineffable, et rien n'est adorable comme une innocente éblouissante qui marche tenant en main, sans le savoir, la clef d'un paradis. Mais ce qu'elle perdit en grâce ingénue, elle le regagna en charme pensif et sérieux. Toute sa personne, pénétrée des joies de la jeunesse, de l'innocence et de la beauté, respirait une mélancolie splendide.

Ce fut à cette époque que Marius, après six mois écoulés, la revit au Luxembourg.

VI

LA BATAILLE COMMENCE

Cosette était dans son ombre, comme Marius dans la sienne, toute disposée pour l'embrasement. La destinée, avec sa patience mystérieuse et fatale, approchait lentement l'un de l'autre ces deux êtres tout chargés et tout languissants des orageuses électricités de la passion, ces deux âmes qui portaient l'amour comme deux nuages portent la foudre, et qui devaient s'aborder et se mêler dans un regard comme les nuages dans un éclair.

On a tant abusé du regard dans les romans d'amour qu'on a fini par le déconsidérer. C'est à peine si l'on ose dire maintenant que deux êtres se sont aimés parce qu'ils se sont regardés. C'est pourtant comme cela qu'on s'aime et uniquement comme cela. Le reste n'est que le reste, et vient après. Rien n'est plus réel que ces grandes secousses que deux âmes se donnent en échangeant cette étincelle.

A cette certaine heure où Cosette eut sans le savoir ce regard qui troubla Marius, Marius ne se douta pas que lui aussi eut un regard qui troubla Cosette.

Il lui fit le même mal et le même bien.

Depuis longtemps déjà elle le voyait et elle l'examinait comme les filles examinent et voient, en regardant ailleurs. Marius trouvait encore Cosette laide que déjà Cosette trouvait Marius beau. Mais comme il ne prenait point garde à elle, ce jeune homme lui était bien égal.

Cependant elle ne pouvait s'empêcher de se dire qu'il avait de beaux cheveux, de beaux yeux, de belles dents, un charmant son de voix, quand elle l'entendait causer avec ses camarades, qu'il marchait en se tenant mal, si l'on veut, mais avec une grâce à lui, qu'il ne paraissait pas bête du tout, que toute sa personne était noble, douce, simple et fière, et qu'enfin il avait l'air pauvre, mais qu'il avait bon air.

Le jour où leurs yeux se rencontrèrent et se dirent enfin brusquement ces premières choses obscures et ineffables que le regard balbutie, Cosette ne comprit pas d'abord. Elle rentra pensive à la maison de la rue de l'Ouest où Jean Valjean, selon son habitude, était venu passer six semaines. Le lendemain, en s'éveillant, elle songea à ce jeune homme inconnu, si longtemps indifférent et glacé, qui semblait maintenant faire attention à elle, et il ne lui sembla pas le moins du monde que cette attention lui fût agréable. Elle avait plutôt un peu de colère contre ce beau dédaigneux. Un fond de guerre remua en elle. Il lui sembla, et elle en éprouvait une joie encore tout enfantine, qu'elle allait enfin se venger.

Se sachant belle, elle sentait bien, quoique d'une façon indistincte, qu'elle avait une arme.

Les femmes jouent avec leur beauté comme les enfants avec leur couteau. Elles s'y blessent.

On se rappelle les hésitations de Marius, ses palpitations, ses terreurs. Il restait sur son banc et n'approchait pas. Ce qui dépitait Cosette. Un jour elle dit à Jean Valjean : — Père, promenons-nous donc un peu de ce côté-là. — Voyant que Marius ne venait point à elle, elle alla à lui. En pareil cas, toute femme ressemble à Mahomet. Et puis, chose bizarre, le premier symptôme de l'amour vrai chez un jeune homme, c'est la timidité; chez une jeune fille, c'est la hardiesse. Ceci étonne, et rien n'est plus simple pourtant. Ce sont les deux sexes qui tendent à se rapprocher et qui prennent les qualités l'un de l'autre.

Ce jour-là, le regard de Cosette rendit Marius fou, le regard de Marius rendit Cosette tremblante. Marius s'en alla confiant, et Cosette inquiète. A partir de ce jour, ils s'adorèrent.

La première chose que Cosette éprouva, ce fut une tristesse confuse et profonde. Il lui sembla que, du jour au lendemain, son âme était devenue noire. Elle ne la reconnaissait plus. La blancheur de l'âme des jeunes filles, qui se compose de froideur et de gaieté, ressemble à la neige. Elle fond à l'amour qui est son soleil.

Cosette ne savait pas ce que c'était que l'amour. Elle n'avait jamais entendu prononcer ce mot dans le sens terrestre. Sur les livres de musique profane qui entraient dans le couvent, *amour* était remplacé par *tambour* ou *pandour*. Cela faisait des énigmes qui exerçaient l'imagination des *grandes*, comme : *Ah! que le tambour est agréable!* ou : *La pitié n'est pas un pandour!* Mais Cosette était sortie encore trop jeune pour s'être beaucoup préoccupée du « tambour. » Elle n'eût donc su quel nom donner à ce qu'elle éprouvait maintenant. Est-on moins malade pour ignorer le nom de sa maladie?

Elle aimait avec d'autant plus de passion qu'elle aimait avec ignorance. Elle ne savait pas si cela est bon ou mauvais, utile ou dangereux, nécessaire ou mortel, éternel ou passager, permis ou prohibé ; elle aimait. On l'eût bien étonnée si on lui eût dit : Vous ne dormez pas? mais c'est défendu ! Vous ne mangez pas? mais c'est fort mal ! Vous avez des oppressions et des battements de cœur? mais cela ne se fait pas ! Vous rougissez et vous pâlissez quand un certain être vêtu de noir paraît au bout d'une certaine allée verte? mais c'est abominable! Elle n'eût pas compris, et elle eût répondu : Comment peut-il y avoir de ma faute dans une chose où je ne puis rien et où je ne sais rien?

Il se trouva que l'amour qui se présenta était précisément celui qui convenait le mieux à l'état de son âme. C'était une sorte d'adoration à distance, une contemplation muette, la déification d'un inconnu. C'était l'apparition de l'adolescence à l'adolescence, le rêve des nuits devenu roman et resté rêve, le fantôme souhaité enfin réalisé et fait chair, mais n'ayant pas encore de nom, ni de tort, ni de tache, ni d'exigence, ni de défaut; en un mot, l'amant lointain et demeuré dans l'idéal, une chimère ayant une forme. Toute rencontre plus palpable et plus proche eût à cette première époque effarouché Cosette, encore à demi plongée dans la brume grossissante du cloître. Elle avait toutes les peurs des enfants et toutes les peurs des religieuses mêlées. L'esprit du couvent, dont elle s'était pénétrée pendant cinq ans, s'évaporait encore lentement de toute sa personne et faisait tout trembler autour d'elle. Dans cette situation, ce n'était pas un amant qu'il lui fallait, ce n'était pas même un amoureux, c'était une vision. Elle se mit à adorer Marius comme quelque chose de charmant, de lumineux et d'impossible.

Comme l'extrême naïveté touche à l'extrême coquetterie, elle lui souriait, tout franchement.

Elle attendait tous les jours l'heure de la promenade avec impatience, elle y trouvait Marius, se sentait indiciblement heureuse, et croyait sincèrement exprimer toute sa pensée en disant à Jean Valjean : — Quel délicieux jardin que le Luxembourg !

Marius et Cosette étaient dans la nuit l'un pour l'autre. Ils ne se parlaient pas, ils ne se saluaient pas, ils ne se connaissaient pas ; ils se voyaient ; et comme les astres dans le ciel que des millions de lieues séparent, ils vivaient de se regarder.

C'est ainsi que Cosette devenait peu à peu une femme et se développait, belle et amoureuse, avec la conscience de sa beauté et l'ignorance de son amour. Coquette par-dessus le marché, par innocence.

VII

A TRISTESSE, TRISTESSE ET DEMIE

Toutes les situations ont leurs instincts. La vieille et éternelle mère nature avertissait sourdement Jean Valjean de la présence de Marius. Jean Valjean tressaillait dans le plus obscur de sa pensée. Jean Valjean ne voyait rien, ne savait rien, et considérait pourtant avec une attention opiniâtre les ténèbres où il était, comme s'il sentait d'un côté quelque chose qui se construisait, et de l'autre quelque chose qui s'écroulait. Marius, averti aussi, et, ce qui est la profonde loi du bon Dieu, par cette même mère nature, faisait tout ce qu'il pouvait pour se dérober au « père. » Il arrivait cependant que Jean Valjean l'apercevait quelquefois. Les allures de Marius n'étaient plus du tout naturelles. Il avait des prudences louches et des témérités gauches. Il ne venait plus tout près comme autrefois; il s'asseyait loin et restait en extase; il avait un livre et faisait semblant de lire; pourquoi faisait-il semblant? Autrefois il venait avec son vieux habit, maintenant il avait tous les jours son habit neuf; il n'était pas bien sûr qu'il ne se fît point friser, il avait des yeux tout drôles, il mettait des gants; bref, Jean Valjean détestait cordialement ce jeune homme.

Cosette ne laissait rien deviner. Sans savoir au juste ce qu'elle avait, elle avait bien le sentiment que c'était quelque chose et qu'il fallait le cacher.

Il y avait entre le goût de toilette qui était venu à Cosette et l'habitude d'habits neufs qui était poussée à cet inconnu un parallélisme importun à Jean Valjean. C'était un hasard peut-être, sans doute, à coup sûr, mais un hasard menaçant.

Jamais il n'ouvrait la bouche à Cosette de cet inconnu. Un jour cependant, il ne put s'en tenir, et avec ce vague désespoir qui jette brusquement la sonde dans son malheur, il lui dit : — Que voilà un jeune homme qui a l'air pédant !

Cosette, l'année d'auparavant, petite fille indifférente, eût répondu : — Mais non, il est charmant. Dix ans plus tard, avec l'amour de Marius au cœur, elle eût répondu : — Pédant et insupportable à voir ! vous avez bien raison ! — Au moment de la vie et du cœur où elle était, elle se borna à répondre avec un calme suprême : — Ce jeune homme-là !

Comme si elle le regardait pour la première fois de sa vie.

— Que je suis stupide ! pensa Jean Valjean. Elle ne l'avait pas encore remarqué. C'est moi qui le lui montre.

O simplicité des vieux ! profondeur des enfants !

C'est encore une loi de ces fraîches années de souffrance et de souci, de ces vives luttes du premier amour contre les premiers obstacles, la jeune fille ne se laisse prendre à aucun piége, le jeune homme tombe dans tous. Jean Valjean avait commencé contre Marius une sourde guerre que Marius, avec la bêtise sublime de sa passion et de son âge, ne devina point. Jean Valjean lui tendit une foule d'embûches ; il changea d'heures, il changea de banc, il oublia son mouchoir, il vint seul au Luxembourg ; Marius donna tête baissée dans tous les panneaux ; et à tous ces points d'interrogation plantés sur sa route par Jean Valjean, il répondit ingénument oui. Cependant Cosette restait murée dans son insouciance apparente et dans sa tranquillité imperturbable, si bien que Jean Valjean arriva à cette conclusion : Ce dadais est amoureux fou de Cosette, mais Cosette ne sait seulement pas qu'il existe.

Il n'en avait pas moins dans le cœur un tremblement douloureux. La minute où Cosette aimerait pouvait sonner d'un instant à l'autre. Tout ne commence-t-il pas par l'indifférence ?

Une seule fois Cosette fit une faute et l'effraya. Il se levait du banc pour partir après trois heures de station, elle dit : — Déjà !

Jean Valjean n'avait pas discontinué les promenades au Luxembourg, ne voulant rien faire de singulier et par-dessus tout redoutant de donner l'éveil à Cosette ; mais pendant ces heures si douces pour les deux amoureux, tandis que Cosette envoyait son sourire à Marius enivré qui ne s'apercevait que de cela et maintenant ne voyait plus rien dans ce monde qu'un radieux visage adoré, Jean Valjean fixait sur Marius des yeux étincelants et terribles. Lui qui avait fini par ne plus se croire capable d'un sentiment malveillant, il y avait des instants où, quand Marius était là, il croyait redevenir sauvage et féroce, et il sentait se rouvrir et se soulever contre ce jeune homme ces vieilles profondeurs de son âme où il y avait eu jadis tant de colère. Il lui semblait presque qu'il se reformait en lui des cratères inconnus.

Quoi ! il était là, cet être ! que venait-il faire ? il venait tourner, flairer, examiner, essayer ! il venait dire : Hein ? pourquoi pas ? il venait rôder autour de sa vie à lui Jean Valjean ! rôder autour de son bonheur, pour le prendre et l'emporter !

Jean Valjean ajoutait : — Oui, c'est cela ! que vient-il chercher ? une aventure ! que veut-il ? une amourette ! Une amourette ! et moi ! Quoi ! j'aurai été d'abord le plus misérable des hommes, et puis le plus malheureux, j'aurai fait soixante ans de la vie sur les genoux, j'aurai souffert tout ce qu'on peut souffrir, j'aurai vieilli sans avoir été jeune, j'aurai vécu sans famille, sans parents, sans amis, sans femme, sans enfants, j'aurai laissé de mon sang sur toutes les pierres, sur toutes les ronces, à toutes les bornes, le long de tous les murs, j'aurai été doux quoiqu'on fût dur pour moi et bon quoiqu'on fût méchant, je serai redevenu honnête homme malgré tout, je me serai repenti du mal que j'ai fait et j'aurai pardonné le mal qu'on m'a fait, et au moment où je suis récompensé, au moment où c'est fini, au moment où je touche au but, au moment où j'ai ce que je veux, c'est bon, c'est bien, je l'ai payé, je l'ai gagné, tout cela s'en ira, tout cela s'évanouira, et je perdrai Cosette, et je perdrai ma vie, ma joie, mon âme, parce qu'il aura plu à un grand niais de venir flâner au Luxembourg !

Alors ses prunelles s'emplissaient d'une clarté lugubre et extraordinaire. Ce n'était plus un homme qui regarde un homme ; ce n'était pas un ennemi qui regarde un ennemi. C'était un dogue qui regarde un voleur.

On sait le reste. Marius continua d'être insensé.

Un jour il suivit Cosette rue de l'Ouest. Un autre jour il parla au portier. Le portier de son côté parla, et dit à Jean Valjean : — Monsieur, qu'est-ce que c'est donc qu'un jeune homme curieux qui vous a demandé? — Le lendemain Jean Valjean jeta à Marius ce coup d'œil dont Marius s'aperçut enfin. Huit jours après Jean Valjean avait déménagé. Il se jura qu'il ne remettrait plus les pieds ni au Luxembourg, ni rue de l'Ouest. Il retourna rue Plumet.

Cosette ne se plaignit pas, elle ne dit rien, elle ne fit pas de questions, elle ne chercha à savoir aucun pourquoi ; elle en était déjà à la période où l'on craint d'être pénétré et de se trahir. Jean Valjean n'avait aucune expérience de ces misères, les seules qui soient charmantes et les seules qu'il ne connût pas ; cela fit qu'il ne comprit point la grave signification du silence de Cosette. Seulement il remarqua qu'elle était devenue triste, et il devint sombre. C'étaient de part et d'autre des inexpériences aux prises.

Une fois il fit un essai. Il demanda à Cosette :

— Veux-tu venir au Luxembourg?

Un rayon illumina le visage pâle de Cosette.

— Oui, dit-elle.

Ils y allèrent. Trois mois s'étaient écoulés. Marius n'y allait plus. Marius n'y était pas.

Le lendemain Jean Valjean redemanda à Cosette :

— Veux-tu venir au Luxembourg?

Elle répondit tristement et doucement :

— Non.

Jean Valjean fut froissé de cette tristesse et navré de cette douceur.

Que se passait-il dans cet esprit si jeune et déjà si impénétrable? Qu'est-ce qui était en train de s'y accomplir? qu'arrivait-il à l'âme de Cosette? Quelquefois, au lieu de se coucher, Jean Valjean restait assis près de son grabat la tête dans ses mains, et il passait des nuits entières à se demander : Qu'y a-t-il dans la pensée de Cosette? et à songer aux choses auxquelles elle pouvait songer.

Oh! dans ces moments-là, quels regards douloureux il tournait vers le cloître, ce sommet chaste, ce lieu des anges, cet inaccessible glacier de la vertu! Comme il contemplait avec un ravissement désespéré ce jardin du couvent, plein de fleurs ignorées et de vierges enfermées, où tous les parfums et toutes les âmes montent droit vers le ciel!

Comme il adorait cet Éden refermé à jamais, dont il était sorti volontairement et follement descendu! Comme il regrettait son abnégation et sa démence d'avoir ramené Cosette au monde, pauvre héros du sacrifice, saisi et terrassé par son dévouement même! comme il se disait : Qu'ai-je fait?

Du reste rien de ceci ne perçait pour Cosette. Ni humeur, ni rudesse. Toujours la même figure sereine et bonne. Les manières de Jean Valjean étaient plus tendres et plus paternelles que jamais. Si quelque chose eût pu faire deviner moins de joie, c'était plus de mansuétude.

De son côté, Cosette languissait. Elle souffrait de l'absence de Marius comme elle avait joui de sa présence, singulièrement, sans savoir au juste. Quand Jean Valjean avait cessé de la conduire aux promenades habituelles, un instinct de femme lui avait confusément murmuré au fond du cœur qu'il ne fallait pas paraître tenir au Luxembourg, et que si cela lui était indifférent, son père l'y remènerait. Mais les jours, les semaines et les mois se succédèrent. Jean Valjean avait accepté tacitement le consentement tacite de Cosette. Elle le regretta. Il était trop tard. Le jour où elle retourna au Luxembourg, Marius n'y était plus. Marius avait donc disparu ; c'était fini, que faire? le retrouverait-elle jamais? Elle se sentit un serrement de cœur que rien ne dilatait et qui s'accroissait chaque jour ; elle ne sut plus si c'était l'hiver ou l'été, le soleil ou la pluie, si les oiseaux chantaient, si l'on était aux dahlias ou aux pâquerettes, si le Luxembourg était plus charmant que les Tuileries, si le linge que rapportait la blanchisseuse était trop empesé ou pas assez, si Toussaint avait fait bien ou mal « son marché ; » et elle resta accablée, absorbée, attentive à une seule pensée, l'œil vague et fixe, comme lorsqu'on regarde dans la nuit la place noire et profonde où une apparition s'est évanouie.

Du reste elle non plus ne laissa rien voir à Jean Valjean, que sa pâleur. Elle lui continua son doux visage.

Cette pâleur ne suffisait que trop pour occuper Jean Valjean. Quelquefois il lui demandait :

— Qu'as-tu?

Elle répondait :

— Je n'ai rien.

Et après un silence, comme elle le devinait triste aussi, elle reprenait :

— Et vous, père, est-ce que vous avez quelque chose?

— Moi? rien, disait-il.

Ces deux êtres qui s'étaient si exclusivement aimés, et d'un si touchant amour, et qui avaient vécu si longtemps l'un par l'autre, souffraient maintenant l'un à côté de l'autre, l'un à cause de l'autre; sans se le dire, sans s'en vouloir, et en souriant.

VIII

LA CADENE

Le plus malheureux des deux, c'était Jean Valjean. La jeunesse, même dans ses chagrins, a toujours une clarté à elle.

A de certains moments, Jean Valjean souffrait tant qu'il devenait puéril. C'est le propre de la douleur de faire reparaître le côté enfant de l'homme. Il sentait invinciblement que Cosette lui échappait. Il eût voulu lutter, la retenir, l'enthousiasmer par quelque chose d'extérieur et d'éclatant. Ces idées, puériles, nous venons de le dire, et en même temps séniles, lui donnèrent, par leur enfantillage même, une notion assez juste de l'influence de la passementerie sur l'imagination des jeunes filles. Il lui arriva une fois de voir passer dans la rue un général à cheval en grand uniforme, le comte Coutard, commandant de Paris. Il envia cet homme doré; il se dit quel bonheur ce serait de pouvoir mettre cet habit-là qui était une chose incontestable, que si Cosette le voyait ainsi, cela l'éblouirait, que lorsqu'il donnerait le bras à Cosette et qu'il passerait devant la grille des Tuileries, on lui présenterait les armes, et que cela suffirait à Cosette et lui ôterait l'idée de regarder les jeunes gens.

Une secousse inattendue vint se mêler à ces pensées tristes.

Dans la vie isolée qu'ils menaient, et depuis qu'ils étaient venus se loger rue Plumet, ils avaient une habitude. Ils faisaient quelquefois la partie de plaisir d'aller voir se lever le soleil, genre de joie douce qui convient à ceux qui entrent dans la vie et à ceux qui en sortent.

Se promener de grand matin, pour qui aime la solitude, équivaut à se promener la nuit, avec la gaieté de la nature de plus. Les rues sont désertes et les oiseaux chantent. Cosette, oiseau elle-même, s'éveillait volontiers de bonne heure. Ces excursions matinales se préparaient la veille. Il proposait, elle acceptait. Cela s'arrangeait comme un complot, on sortait avant le jour, et c'était autant de petits bonheurs pour Cosette. Ces excentricités innocentes plaisent à la jeunesse.

La pente de Jean Valjean était, on le sait, d'aller aux endroits peu fréquentés, aux recoins solitaires, aux lieux d'oubli. Il y avait alors aux environs des barrières de Paris des espèces de champs pauvres, presque mêlés à la ville, où il poussait, l'été, un blé maigre, et qui, l'automne après la récolte faite, n'avaient pas l'air moissonnés, mais pelés. Jean Valjean les hantait avec prédilection. Cosette ne s'y ennuyait point. C'était la solitude pour lui, la liberté pour elle. Là, elle redevenait petite fille, elle pouvait courir et presque jouer, elle ôtait son chapeau, le posait sur les genoux de Jean Valjean, et cueillait des bouquets. Elle regardait les papillons sur les fleurs, mais ne les prenait pas; les mansuétudes et les attendrissements naissent avec l'amour, et la jeune fille qui a en elle un idéal tremblant et fragile, a pitié de l'aile du papillon. Elle tressait en guirlandes des coquelicots qu'elle mettait sur sa tête, et qui, traversés et pénétrés de soleil, empourprés jusqu'au flamboiement, faisaient à ce frais visage rose une couronne de braises.

Même après que leur vie avait été attristée, ils avaient conservé leur habitude de promenades matinales.

Donc un matin d'octobre, tentés par la sérénité parfaite de l'automne de 1831, ils étaient sortis, et ils se trouvaient au petit jour près de la barrière du Maine. Ce n'était pas l'aurore, c'était l'aube ; minute ravissante et farouche. Quelques constellations çà et là dans l'azur pâle et profond, la terre toute noire, le ciel tout blanc, un frisson dans les brins d'herbe, partout le mystérieux saisissement du crépuscule. Une alouette, qui semblait mêlée aux étoiles, chantait à une hauteur prodigieuse, et l'on eût dit que cet hymne de la petitesse à l'infini calmait l'immensité. A l'orient, le Val-de-Grâce découpait, sur l'horizon clair d'une clarté d'acier, sa masse obscure ; Vénus éblouissante montait derrière ce dôme et avait l'air d'une âme qui s'évade d'un édifice ténébreux.

Tout était paix et silence; personne sur la chaussée; dans les bas côtés, quelques rares ouvriers, à peine entrevus, se rendant à leur travail.

Jean Valjean s'était assis dans la contre-allée sur des charpentes déposées à la porte d'un chantier. Il avait le visage tourné vers la route, et le dos tourné au jour; il oubliait le soleil qui allait se lever; il était tombé dans une de ces absorptions profondes où tout l'esprit se concentre, qui emprisonnent même le regard et qui équivalent à quatre murs. Il y a des méditations qu'on pourrait nommer verticales; quand on est au fond, il faut du temps pour revenir sur la terre. Jean Valjean était descendu dans une de ces songeries-là. Il pensait à Cosette, au bonheur possible si rien ne se mettait entre elle et lui, à cette lumière dont elle remplissait sa vie, lumière qui était la respiration de son âme. Il était presque heureux dans cette rêverie. Cosette, debout près de lui, regardait les nuages devenir roses.

Tout à coup, Cosette s'écria : Père, on dirait qu'on vient là-bas. Jean Valjean leva les yeux.

Cosette avait raison.

La chaussée qui mène à l'ancienne barrière du Maine prolonge, comme on sait, la rue de Sèvres, et est coupée à angle droit par le boulevard intérieur. Au coude de la chaussée et du boulevard, à l'endroit où se fait l'embranchement, on entendait un bruit difficile à expliquer à pareille heure, et une sorte d'encombrement confus apparaissait. On ne sait quoi d'informe qui venait du boulevard, entrait dans la chaussée.

Cela grandissait, cela semblait se mouvoir avec ordre, pourtant c'était hérissé et frémissant; cela semblait une voiture, mais on n'en pouvait distinguer le chargement. Il y avait des chevaux, des roues, des cris; des fouets claquaient. Par degrés les linéaments se fixèrent, quoique noyés de ténèbres. C'était une voiture, en effet, qui venait de tourner du boulevard sur la route et qui se dirigeait vers la barrière près de laquelle était Jean Valjean; une deuxième, du même aspect, la suivit, puis une troisième, puis une quatrième; sept chariots débouchèrent successivement, la tête des chevaux touchant l'arrière des voitures. Des silhouettes s'agitaient sur ces chariots, on voyait des étincelles dans le crépuscule comme s'il y avait des sabres nus, on entendait un cliquetis qui ressemblait à des chaînes remuées, cela avançait, les voix grossissaient, et c'était une chose formidable comme il en sort de la caverne des songes.

En approchant, cela prit forme, et s'ébaucha derrière les arbres avec le blêmissement de l'apparition ; la masse blanchit ; le jour qui se levait peu à peu plaquait une lueur blafarde sur ce fourmillement à la fois sépulcral et vivant, les têtes de silhouettes devinrent des faces de cadavres, et voici ce que c'était :

Sept voitures marchaient à la file sur la route. Les six premières avaient une structure singulière. Elles ressemblaient à des haquets de tonneliers ; c'étaient des espèces de longues échelles posées sur deux roues et formant brancard à leur extrémité antérieure. Chaque haquet, disons mieux, chaque échelle était attelée de quatre chevaux bout à bout. Sur ces échelles étaient traînées d'étranges grappes d'hommes. Dans le peu de jour qu'il faisait, on ne voyait pas ces hommes, on les devinait. Vingt-quatre sur chaque voiture, douze de chaque côté, adossés les uns aux autres, faisant face aux passants, les jambes dans le vide, ces hommes cheminaient ainsi ; et ils avaient derrière le dos quelque chose qui sonnait et qui était une chaîne et au cou quelque chose qui brillait et qui était un carcan. Chacun avait son carcan, mais la chaîne était pour tous ; de façon que ces vingt-quatre hommes, s'il leur arrivait de descendre du haquet et de marcher, étaient saisis par une sorte d'unité inexorable et devaient serpenter sur le sol avec la chaîne pour vertèbre à peu près comme le mille-pieds. A l'avant et à l'arrière de chaque voiture, deux hommes, armés de fusils, se tenaient debout, ayant chacun une des extrémités de la chaîne sous son pied. Les carcans étaient carrés. La septième voiture, vaste fourgon à ridelles, mais sans capote, avait quatre roues et six chevaux, et portait un tas sonore de chaudières de fer, de marmites de fonte, de réchauds et de chaînes, où étaient mêlés quelques hommes garrottés et couchés tout de leur long, qui paraissaient malades. Ce fourgon, tout à claire-voie, était garni de claies délabrées qui semblaient avoir servi aux vieux supplices.

Ces voitures tenaient le milieu du pavé. Des

deux côtés marchaient en double haie des gardes d'un aspect infâme, coiffés de tricornes-claques comme les soldats du directoire, tachés, troués, sordides, affublés d'uniformes d'invalides et de pantalons de croque-morts, mi-partis gris et bleus, presque en lambeaux, avec des épaulettes rouges, des bandoulières jaunes, des coupe-choux, des fusils et des bâtons; espèces de soldats-goujats. Ces sbires semblaient composés de l'abjection du mendiant et de l'autorité du bourreau. Celui qui paraissait leur chef tenait à la main un fouet de poste. Tous ces détails, estompés par le crépuscule, se dessinaient de plus en plus dans le jour grandissant. En tête et en queue du convoi, marchaient des gendarmes à cheval, graves, le sabre au poing.

Ce cortége était si long qu'au moment où la première voiture atteignait la barrière, la dernière débouchait à peine du boulevard.

Une foule, sortie on ne sait d'où et formée en un clin d'œil, comme cela est fréquent à Paris, se pressait des deux côtés de la chaussée et regardait. On entendait dans les ruelles voisines des cris de gens qui s'appelaient et les sabots des maraîchers qui accouraient pour voir.

Les hommes entassés sur les haquets se laissaient cahoter en silence. Ils étaient livides du frisson du matin. Ils avaient tous des pantalons de toile et les pieds nus dans des sabots. Le reste du costume était à la fantaisie de la misère. Leurs accoutrements étaient hideusement disparates; rien n'est plus funèbre que l'arlequin des guenilles. Feutres défoncés, casquettes goudronnées, d'affreux bonnets de laine, et, près du bourgeron, l'habit noir crevé aux coudes; plusieurs avaient des chapeaux de femme; d'autres étaient coiffés d'un panier; on voyait des poitrines velues, et à travers les déchirures des vêtements, on distinguait des tatouages; des temples de l'amour, des cœurs enflammés, des Cupidons. On apercevait aussi des dartres et des rougeurs malsaines. Deux ou trois avaient une corde de paille fixée aux traverses du haquet, et suspendue au-dessous d'eux comme un étrier, qui leur soutenait les pieds. L'un d'eux tenait à la main et portait à sa bouche quelque chose qui avait l'air d'une pierre noire et qu'il semblait mordre; c'était du pain qu'il mangeait. Il n'y avait là que des yeux secs; éteints, ou lumineux d'une mauvaise lumière. La troupe d'escorte maugréait, les enchaînés ne soufflaient pas ; de temps en temps on entendait le bruit d'un coup de bâton sur les omoplates ou sur les têtes ; quelques-uns de ces hommes bâillaient ; les haillons étaient terribles ; les pieds pendaient, les épaules oscillaient, les têtes s'entre-heurtaient, les fers tintaient, les prunelles flambaient férocement, les poings se crispaient ou s'ouvraient inertes comme des mains de morts ; derrière le convoi, une troupe d'enfants éclatait de rire.

Cette file de voitures, quelle qu'elle fût, était lugubre. Il était évident que demain, que dans une heure, une averse pouvait éclater, qu'elle serait suivie d'une autre, et d'une autre, et que les vêtements délabrés seraient traversés, qu'une fois mouillés, ces hommes ne se sécheraient plus, qu'une fois glacés, ils ne se réchaufferaient plus, que leurs pantalons de toile seraient collés par l'ondée sur leurs os, que l'eau emplirait leurs sabots, que les coups de fouet ne pourraient empêcher le claquement des mâchoires, que la chaîne continuerait de les tenir par le cou, que leurs pieds continueraient de pendre ; et il était impossible de ne pas frémir en voyant ces créatures humaines liées ainsi et passives sous les froides nuées d'automne, et livrées à la pluie, à la bise, à toutes les furies de l'air, comme des arbres et comme des pierres.

Les coups de bâton n'épargnaient pas même les malades, qui gisaient noués de cordes et sans mouvement sur la septième voiture et qu'on semblait avoir jetés là comme des sacs pleins de misère.

Brusquement, le soleil parut; l'immense rayon de l'orient jaillit, et l'on eût dit qu'il mettait le feu à toutes ces têtes farouches. Les langues se délièrent; un incendie de ricanements, de jurements et de chansons fit explosion. La large lumière horizontale coupa en deux toute la file, illuminant les têtes et les torses, laissant les pieds et les roues dans l'obscurité. Les pensées apparurent sur les visages; ce moment fut épouvantable; des démons visibles à masques tombés, des âmes féroces toutes nues. Éclairée, cette cohue resta ténébreuse. Quelques-uns, gais, avaient à la bouche des tuyaux de plume d'où ils soufflaient de la vermine sur la foule, choisissant les femmes; l'aurore accentuait par la noirceur des ombres ces profils lamentables; pas un de ces êtres qui ne fût difforme à force de misère; et c'était si monstrueux qu'on eût dit que cela changeait la clarté du soleil en lueur d'éclair. La voiturée qui ouvrait le cortége avait entonné et psalmodiait à tue-tête avec une jovialité hagarde un pot-pourri de Désaugiers, alors fameux, *la Vestale;* les arbres frémissaient lugubrement; dans les contre-allées, des faces de bourgeois écoutaient avec une béatitude idiote ces gaudrioles chantées par des spectres.

Toutes les détresses étaient dans ce cortége comme un chaos; il y avait là l'angle facial de toutes les bêtes, des vieillards, des adolescents, des crânes nus, des barbes grises, des monstruosités cyniques, des résignations hargneuses, des rictus sauvages, des attitudes insensées, des groins coiffés de casquettes, des espèces de têtes de jeunes filles avec des tire-bouchons sur les tempes, des visages enfantins et, à cause de cela, horribles, de maigres faces de squelettes auxquelles il ne manquait que la mort. On voyait sur la première voiture un nègre, qui, peut-être, avait été esclave et qui pouvait comparer les chaînes. L'effrayant niveau d'en bas, la honte, avait passé sur ces fronts;

à ce degré d'abaissement, les dernières transformations étaient subies par tous dans les dernières profondeurs; et l'ignorance, changée en hébétement, était l'égale de l'intelligence changée en désespoir. Pas de choix possible entre ces hommes qui apparaissaient aux regards comme l'élite de la boue. Il était clair que l'ordonnateur quelconque de cette procession immonde ne les avait pas classés. Ces êtres avaient été liés et accouplés pêle-mêle, dans le désordre alphabétique probablement, et chargés au hasard sur ces voitures. Cependant des horreurs groupées finissent toujours par dégager une résultante; toute addition de malheureux donne un total; il sortait de chaque chaîne une âme commune, et chaque charretée avait sa physionomie. A côté de celle qui chantait, il y en avait une qui hurlait; une troisième mendiait; on en voyait une qui grinçait des dents; une autre menaçait les passants, une autre blasphémait Dieu; la dernière se taisait comme la tombe. Dante eût cru voir les sept cercles de l'enfer en marche.

Marche des damnations vers les supplices, faite sinistrement, non sur le formidable char fulgurant de l'Apocalypse, mais, chose plus sombre, sur la charrette des gémonies.

Un des gardes, qui avait un crochet au bout de son bâton, faisait de temps en temps mine de remuer ces tas d'ordures humains. Une vieille femme dans la foule les montrait du doigt à un petit garçon de cinq ans, et lui disait : *Gredin, cela t'apprendra!*

Comme les chants et les blasphèmes grossissaient, celui qui semblait le capitaine de l'escorte fit claquer son fouet, et, à ce signal, une effroyable bastonnade sourde et aveugle qui faisait le bruit de la grêle tomba sur les sept voiturées; beaucoup rugirent et écumèrent; ce qui redoubla la joie des gamins accourus, nuée de mouches sur ces plaies.

L'œil de Jean Valjean était devenu effrayant. Ce n'était plus une prunelle; c'était cette vitre profonde qui remplace le regard chez certains infortunés, qui semble inconsciente de la réalité, et où flamboie la réverbération des épouvantes et des catastrophes. Il ne regardait pas un spectacle; il subissait une vision. Il voulut se lever, fuir, échapper; il ne put remuer un pied. Quelquefois les choses qu'on voit vous saisissent et vous tiennent. Il demeura cloué, pétrifié, stupide, se demandant, à travers une confuse angoisse inexprimable, ce que signifiait cette persécution sépulcrale, et d'où sortait ce pandémonium qui le poursuivait. Tout à coup il porta la main à son front, geste habituel de ceux auxquels la mémoire revient subitement; il se souvint que c'était là l'itinéraire en effet, que ce détour était d'usage pour éviter les rencontres royales toujours possibles sur la route de Fontainebleau, et que, trente-cinq ans auparavant, il avait passé par cette barrière-là.

Cosette, autrement épouvantée, ne l'était pas moins. Elle ne comprenait pas; le souffle lui manquait; ce qu'elle voyait ne lui semblait pas possible; enfin elle s'écria :

— Père ! qu'est-ce qu'il y a donc dans ces voitures-là ?

Jean Valjean répondit :

— Des forçats.

— Où donc est-ce qu'ils vont ?

— Aux galères.

En ce moment la bastonnade, multipliée par cent mains, fit du zèle, les coups de plat de sabre s'en mêlèrent, ce fut comme une rage de fouets et de bâtons; les galériens se courbèrent, une obéissance hideuse se dégagea du supplice, et tous se turent avec des regards de loups enchaînés. Cosette tremblait de tous ses membres; elle reprit :

— Père, est-ce que ce sont encore des hommes?
— Quelquefois, dit le misérable.

C'était la Chaîne en effet qui, partie avant le jour de Bicêtre, prenait la route du Mans pour éviter Fontainebleau où était alors le roi. Ce détour faisait durer l'épouvantable voyage trois ou quatre jours de plus; mais pour épargner à la personne royale la vue d'un supplice, on peut bien le prolonger.

Jean Valjean rentra accablé. De telles rencontres sont des chocs et le souvenir qu'elles laissent ressemble à un ébranlement.

Pourtant Jean Valjean, en regagnant avec Cosette la rue de Babylone, ne remarqua point qu'elle lui fît d'autres questions au sujet de ce qu'ils venaient de voir; peut-être était-il trop absorbé lui-même dans son accablement pour percevoir ses paroles et pour lui répondre. Seulement le soir, comme Cosette le quittait pour s'aller coucher, il l'entendit qui disait à demi-voix et comme se parlant à elle-même : — Il me semble que si je trouvais sur mon chemin un de ces hommes-là, ô mon Dieu, je mourrais rien que de le voir de près !

Heureusement le hasard fit que le lendemain de ce jour tragique il y eut, à propos de je ne sais plus quelle solennité officielle, des fêtes dans Paris, revue au Champ de Mars, joutes sur la Seine, théâtres aux Champs-Élysées, feu d'artifice à l'Étoile, illuminations partout. Jean Valjean, faisant violence à ses habitudes, conduisit Cosette à ces réjouissances, afin de la distraire du souvenir de la veille et d'effacer sous le riant tumulte de tout Paris la chose abominable qui avait passé devant elle. La revue, qui assaisonnait la fête, faisait toute naturelle la circulation des uniformes; Jean Valjean mit son habit de garde national avec le vague sentiment intérieur d'un homme qui se réfugie. Du reste, le but de cette promenade sembla atteint. Cosette, qui se faisait une loi de complaire à son père et pour qui d'ailleurs tout spectacle était nouveau, accepta la distraction avec la bonne grâce facile et légère de l'adolescence, et ne fit pas une moue trop dédaigneuse devant cette gamelle de joie qu'on appelle une fête publique ; si bien que Jean Valjean put croire qu'il avait réussi, et qu'il ne restait plus trace de la hideuse vision.

Quelques jours après, un matin, comme il faisait beau soleil et qu'ils étaient tous deux sur le perron du jardin, autre infraction aux règles que semblait s'être imposées Jean Valjean, et à l'habitude de rester dans sa chambre que la tristesse avait fait prendre à Cosette, Cosette, en peignoir, se tenait debout dans ce négligé de la première heure qui enveloppe adorablement les jeunes filles et qui a l'air du nuage sur l'astre; et, la tête dans la lumière, rose d'avoir bien dormi, regardée doucement par le bonhomme attendri, elle effeuillait une pâquerette. Cosette ignorait la ravissante légende *je t'aime un peu, passionnément,* etc.; qui la lui eût apprise? Elle maniait cette fleur, d'instinct, innocemment, sans se douter qu'effeuiller une pâquerette, c'est éplucher un cœur. S'il y avait une quatrième Grâce appelée la Mélancolie, et souriante, elle eût eu l'air de cette Grâce-là. Jean Valjean était fasciné par la contemplation de ces petits doigts sur cette fleur, oubliant tout dans le rayonnement que cette enfant avait. Un rouge-gorge chuchotait dans la broussaille d'à côté. Des nuées blanches traversaient le ciel si gaiement qu'on eût dit qu'elles venaient d'être mises en liberté. Cosette continuait d'effeuiller sa fleur attentivement ; elle semblait songer à quelque chose ; mais cela devait être charmant ; tout à coup elle tourna la tête sur son épaule avec la lenteur délicate du cygne, et dit à Jean Valjean : P'ère, qu'est-ce que c'est donc que cela, les galères ?

LIVRE QUATRIÈME

SECOURS D'EN BAS PEUT ÊTRE SECOURS D'EN HAUT

I

BLESSURE AU DEHORS, GUÉRISON AU DEDANS

Leur vie s'assombrissait ainsi par degrés.

Il ne leur restait plus qu'une distraction qui avait été autrefois un bonheur, c'était d'aller porter du pain à ceux qui avaient faim et des vêtements à ceux qui avaient froid. Dans ces visites aux pauvres où Cosette accompagnait souvent Jean Valjean, ils retrouvaient quelque reste de leur ancien épanchement; et, parfois, quand la journée avait été bonne, quand il y avait eu beaucoup de détresses secourues et beaucoup de petits enfants ranimés et réchauffés, Cosette, le soir, était un peu gaie. Ce fut à cette époque qu'ils firent visite au bouge Jondrette.

Le lendemain même de cette visite, Jean Valjean parut le matin dans le pavillon, calme comme à l'ordinaire, mais avec une large blessure au bras gauche, fort enflammée, fort venimeuse, qui ressemblait à une brûlure et qu'il expliqua d'une façon quelconque. Cette blessure fit qu'il fut plus d'un mois avec la fièvre sans sortir. Il ne voulut voir aucun médecin. Quand Cosette l'en pressait : Appelle le médecin des chiens, disait-il.

Cosette le pansait matin et soir avec un air si divin et un si angélique bonheur de lui être utile, que Jean Valjean sentait toute sa vieille joie lui revenir, ses craintes et ses anxiétés se dissiper, et contemplait Cosette en disant : Oh! la bonne blessure! Oh! le bon mal!

Cosette, voyant son père malade, avait déserté le pavillon et avait repris goût à la petite logette et à l'arrière-cour. Elle passait presque toutes les journées près de Jean Valjean, et lui lisait les livres qu'il voulait. En général, des livres de voyages. Jean Valjean renaissait ; son bonheur revivait avec des rayons ineffables ; le Luxembourg, le jeune rôdeur inconnu, le refroidissement de Cosette, toutes ces nuées de son âme s'effaçaient. Il en venait à se dire : J'ai imaginé tout cela. Je suis un vieux fou.

Son bonheur était tel, que l'affreuse trouvaille des Thénardier, faite au bouge Jondrette, et si inattendue, avait en quelque sorte glissé sur lui. Il avait réussi à s'échapper ; sa piste, à lui, était perdue, que lui importait le reste ! il n'y songeait que pour plaindre ces misérables. Les voilà en prison, et désormais hors d'état de nuire, pensait-il, mais quelle lamentable famille en détresse !

Quant à la hideuse vision de la barrière du Maine, Cosette n'en avait plus reparlé.

Au couvent, sœur Sainte-Mechtilde avait appris la musique à Cosette. Cosette avait la voix d'une fauvette qui aurait une âme, et quelquefois le soir, dans l'humble logis du blessé, elle chantait des chansons tristes qui réjouissaient Jean Valjean.

Le printemps arrivait, le jardin était si admirable dans cette saison de l'année, que Jean Valjean dit à Cosette : — Tu n'y vas jamais, je veux que tu t'y promènes. — Comme vous voudrez, père, dit Cosette.

Et, pour obéir à son père, elle reprit ses promenades dans son jardin, le plus souvent seule, car, comme nous l'avons indiqué, Jean Valjean, qui probablement craignait d'être aperçu par la grille, n'y venait presque jamais.

La blessure de Jean Valjean avait été une diversion.

Quand Cosette vit que son père souffrait moins, et qu'il guérissait, et qu'il semblait heureux, elle eut un contentement qu'elle ne remarqua même pas, tant il vint doucement et naturellement. Puis c'était le mois de mars, les jours allongeaient, l'hiver s'en allait, l'hiver emporte toujours avec lui quelque chose de nos tristesses ; puis vint avril, ce point du jour de l'été, frais comme toutes les aubes, gai comme toutes les enfances ; un peu pleureur parfois comme un nouveau-né qu'il est. La nature en ce mois-là a des lueurs charmantes qui passent du ciel, des nuages, des arbres, des prairies et des fleurs, au cœur de l'homme.

Cosette était trop jeune encore pour que cette

joie d'avril qui lui ressemblait ne la pénétrât pas. Insensiblement, et sans qu'elle s'en doutât, le noir s'en alla de son esprit. Au printemps, il fait clair dans les âmes tristes, comme à midi il fait clair dans les caves. Cosette même n'était déjà plus très-triste. Du reste, cela était ainsi, mais elle ne s'en rendait pas compte. Le matin, vers dix heures, après déjeuner, lorsqu'elle avait réussi à entraîner son père pour un quart d'heure dans le jardin, et qu'elle le promenait au soleil devant le perron en lui soutenant son bras malade, elle ne s'apercevait point qu'elle riait à chaque instant et qu'elle était heureuse.

Jean Valjean, enivré, la voyait redevenir vermeille et fraîche.

— Oh! la bonne blessure, répétait-il tout bas.

Et il était reconnaissant aux Thénardier.

Une fois sa blessure guérie, il avait repris ses promenades solitaires et crépusculaires.

Ce serait une erreur de croire qu'on peut se promener de la sorte seul dans les régions inhabitées de Paris sans rencontrer quelque aventure.

II

LA MÈRE PLUTARQUE N'EST PAS EMBARRASSÉE
POUR EXPLIQUER UN PHÉNOMÈNE

Un soir le petit Gavroche n'avait point mangé; il se souvint qu'il n'avait pas non plus dîné la veille; cela devenait fatigant. Il prit la résolution d'essayer de souper. Il s'en alla rôder au delà de la Salpêtrière, dans les lieux déserts; c'est là que sont les aubaines; où il n'y a personne, on trouve quelque chose. Il parvint jusqu'à une peuplade qui lui parut être le village d'Austerlitz.

Dans une de ses précédentes flâneries, il avait remarqué là un vieux jardin hanté d'un vieux homme et d'une vieille femme, et dans ce jardin un pommier passable. A côté de ce pommier, il y avait une espèce de fruitier mal clos où l'on pouvait conquérir une pomme. Une pomme, c'est un souper; une pomme, c'est la vie. Ce qui a perdu Adam pouvait sauver Gavroche. Le jardin côtoyait une ruelle solitaire non pavée et bordée de broussailles en attendant les maisons; une haie l'en séparait.

Gavroche se dirigea vers le jardin; il retrouva la ruelle, il reconnut le pommier, il constata le fruitier, il examina la haie; une haie, c'est une enjambée. Le jour déclinait, pas un chat dans la ruelle, l'heure était bonne. Gavroche ébaucha l'escalade, puis s'arrêta tout à coup. On parlait dans le jardin. Gavroche regarda par une des claires-voies de la haie.

A deux pas de lui, au pied de la haie et de l'autre côté, précisément au point où l'eût fait déboucher la trouée qu'il méditait, il y avait une pierre couchée qui faisait une espèce de banc, et sur ce banc était assis le vieux homme du jardin, ayant devant lui la vieille femme debout. La vieille bougonnait. Gavroche, peu discret, écouta.

— Monsieur Mabeuf! disait la vieille.

— Mabeuf! pensa Gavroche, ce nom est farce.

Le vieillard interpellé ne bougeait point. La vieille répéta :

— Monsieur Mabeuf!

Le vieillard, sans quitter la terre des yeux, se décida à répondre :

— Quoi, mère Plutarque?

— Mère Plutarque! pensa Gavroche, autre nom farce.

La mère Plutarque reprit, et force fut au vieillard d'accepter la conversation :

— Le propriétaire n'est pas content.

— Pourquoi?

— On lui doit trois termes.

— Dans trois mois on lui en devra quatre.

— Il dit qu'il vous enverra coucher dehors.

— J'irai.

— La fruitière veut qu'on la paye. Elle ne lâche plus ses falourdes. Avec quoi vous chaufferez-vous cet hiver? Nous n'aurons point de bois.

— Il y a le soleil.

— Le boucher refuse crédit, il ne veut plus donner de viande.

— Cela se trouve bien. Je digère mal la viande. C'est trop lourd.

— Qu'est-ce qu'on aura pour dîner?

— Du pain.

— Le boulanger exige un à-compte, et dit que pas d'argent, pas de pain.

— C'est bon.

— Qu'est-ce que vous mangerez?

— Nous avons les pommes du pommier.

— Mais, monsieur, on ne peut pourtant pas vivre comme ça sans argent.

— Je n'en ai pas.

La vieille s'en alla, le vieillard resta seul. Il se mit à songer. Gavroche songeait de son côté. Il faisait presque nuit.

Le premier résultat de la songerie de Gavroche, ce fut qu'au lieu d'escalader la haie il s'accroupit dessous. Les branches s'écartaient un peu au bas de la broussaille.

— Tiens, s'écria intérieurement Gavroche, une alcôve! et il s'y blottit. Il était presque adossé au banc du père Mabeuf. Il entendait l'octogénaire respirer.

Alors, pour dîner, il tâcha de dormir.

Sommeil de chat, sommeil d'un œil. Tout en s'assoupissant Gavroche guettait.

La blancheur du ciel crépusculaire blanchissait la terre, et la ruelle faisait une ligne livide entre deux rangées de buissons obscurs.

Tout à coup, sur cette bande blanchâtre deux silhouettes parurent. L'une venait devant, l'autre, à quelque distance, derrière.

— Voilà deux êtres, grommela Gavroche.

La première silhouette semblait quelque vieux bourgeois courbé et pensif, vêtu plus que simplement, marchant lentement à cause de l'âge, et flânant le soir aux étoiles.

La seconde était droite, ferme, mince. Elle réglait son pas sur le pas de la première ; mais dans la lenteur volontaire de l'allure on sentait de la souplesse et de l'agilité. Cette silhouette avait, avec on ne sait quoi de farouche et d'inquiétant, toute la tournure de ce qu'on appelait alors un élégant ; le chapeau était d'une bonne forme, la redingote était noire, bien coupée, probablement de beau drap, et serrée à la taille. La tête se dressait avec une sorte de grâce robuste, et, sous le chapeau, on entrevoyait dans le crépuscule un pâle profil d'adolescent. Ce profil avait une rose à la bouche. Cette seconde silhouette était bien connue de Gavroche; c'était Montparnasse.

Quant à l'autre, il n'en eût rien pu dire, sinon que c'était un vieux bonhomme.

Gavroche entra sur-le-champ en observation.

L'un de ces deux passants avait évidemment des projets sur l'autre. Gavroche était bien situé pour voir la suite. L'alcôve était fort à propos devenue cachette.

Montparnasse à la chasse, à une pareille heure, en un pareil lieu, cela était menaçant. Gavroche sentait ses entrailles de gamin s'émouvoir de pitié pour le vieux.

Que faire? intervenir? une faiblesse en secourant une autre ! C'était de quoi rire pour Montparnasse. Gavroche ne se dissimulait pas que, pour ce redoutable bandit de dix-huit ans, le vieillard d'abord, l'enfant ensuite, c'étaient deux bouchées.

Pendant que Gavroche délibérait, l'attaque eut lieu, brusque et hideuse. Attaque de tigre à l'onagre, attaque d'araignée à la mouche. Montparnasse, à l'improviste, jeta la rose, bondit sur le vieillard, le colleta, l'empoigna et s'y cramponna, et Gavroche eut de la peine à retenir un cri. Un moment après, l'un de ces hommes était sous l'autre, accablé, râlant, se débattant, avec un genou de marbre sur la poitrine. Seulement ce n'était pas tout à fait ce à quoi Gavroche s'était attendu. Celui qui était à terre, c'était Montparnasse; celui qui était dessus, c'était le bonhomme. Tout ceci se passait à quelques pas de Gavroche.

Le vieillard avait reçu le choc, et l'avait rendu, et rendu si terriblement qu'en un clin d'œil l'assaillant et l'assailli avaient changé de rôle.

— Voilà un fier invalide! pensa Gavroche.

Et il ne put s'empêcher de battre des mains. Mais ce fut un battement de mains perdu. Il n'arriva pas jusqu'aux deux combattants, absorbés et assourdis l'un par l'autre et mêlant leurs souffles dans la lutte.

Le silence se fit. Montparnasse cessa de se débattre. Gavroche eut cet aparté : Est-ce qu'il est mort?

Le bonhomme n'avait pas prononcé un mot ni

jeté un cri. Il se redressa, et Gavroche l'entendit qui disait à Montparnasse :

— Relève-toi.

Montparnasse se releva, mais le bonhomme le tenait. Montparnasse avait l'attitude humiliée et furieuse d'un loup qui serait happé par un mouton.

Gavroche regardait et écoutait, faisant effort pour doubler ses yeux par ses oreilles. Il s'amusait énormément.

Il fut récompensé de sa consciencieuse anxiété de spectateur. Il put saisir au vol ce dialogue qui empruntait à l'obscurité on ne sait quel accent tragique. Le bonhomme questionnait. Montparnasse répondait.

— Quel âge as-tu?

— Dix-neuf ans.

— Tu es fort et bien portant. Pourquoi ne travailles-tu pas?

— Ça m'ennuie.

— Quel est ton état?

— Fainéant.

— Parle sérieusement. Peut-on faire quelque chose pour toi? Qu'est-ce que tu veux être?

— Voleur.

Il y eut un silence. Le vieillard semblait profondément pensif. Il était immobile et ne lâchait point Montparnasse.

De moment en moment, le jeune bandit, vigoureux et leste, avait des soubresauts de bête prise au piége. Il donnait une secousse, essayait un croc-en-jambe, tordait éperdument ses membres, tâchait de s'échapper. Le vieillard n'avait pas l'air de s'en apercevoir, et lui tenait les deux bras d'une seule main avec l'indifférence souveraine d'une force absolue.

La rêverie du vieillard dura quelque temps, puis, regardant fixement Montparnasse, il éleva doucement la voix et lui adressa, dans cette ombre où ils étaient, une sorte d'allocution solennelle dont Gavroche ne perdit pas une syllabe :

— Mon enfant, tu entres par paresse dans la plus laborieuse des existences. Ah! tu te déclares fainéant! prépare-toi à travailler. As-tu vu une machine qui est redoutable? cela s'appelle le laminoir. Il faut y prendre garde, c'est une chose sournoise et féroce ; si elle vous attrape le pan de votre habit, vous y passez tout entier. Cette machine, c'est l'oisiveté. Arrête-toi, pendant qu'il en est temps encore, et sauve-toi! Autrement, c'est fini; avant peu tu seras dans l'engrenage. Une fois pris, n'espère plus rien. A la fatigue, paresseux! plus de repos. La main de fer du travail implacable t'a saisi. Gagner ta vie, avoir une tâche, accomplir un devoir, tu ne veux pas! être comme les autres, cela t'ennuie! Eh bien! tu seras autrement. Le travail est la loi; qui le repousse ennui, l'aura supplice. Tu ne veux pas être ouvrier, tu seras esclave. Le travail ne vous lâche d'un côté que pour vous reprendre de l'autre; tu ne veux pas être son ami, tu seras son nègre. Ah! tu n'as pas voulu de la lassitude honnête des hommes, tu vas avoir la sueur des damnés. Où les autres chantent, tu râleras. Tu verras de loin, d'en bas, les autres hommes travailler; il te semblera qu'ils se reposent. Le laboureur, le moissonneur, le matelot, le forgeron, t'apparaîtront dans la lumière comme les bienheureux d'un paradis. Quel rayonnement dans l'enclume! Mener la charrue, lier la gerbe, c'est de la joie. La barque en liberté dans le vent, quelle fête! Toi, paresseux, pioche, traîne, roule, marche! Tire ton licou, te voilà bête de somme dans l'attelage de l'enfer! Ah! ne rien faire, c'était là ton

but. Eh bien! pas une semaine, pas une journée,
pas une heure sans accablement. Tu ne pourras
rien soulever qu'avec angoisse. Toutes les minutes
qui passeront feront craquer tes muscles. Ce qui
sera plume pour les autres sera pour toi rocher.
Les choses les plus simples s'escarperont. La vie se
fera monstre autour de toi. Aller, venir, respirer,
autant de travaux terribles. Ton poumon te fera
l'effet d'un poids de cent livres. Marcher ici plutôt
que là, ce sera un problème à résoudre. Le premier
venu qui veut sortir pousse sa porte, c'est fait, le
voilà dehors. Toi, si tu veux sortir, il te faudra percer ton mur. Pour aller dans la rue, qu'est-ce que
tout le monde fait? Tout le monde descend l'escalier; toi, tu déchireras tes draps de lit, tu en feras
brin à brin une corde, puis tu passeras par ta
fenêtre et tu te suspendras à ce fil sur un abîme,
et ce sera la nuit, dans l'orage, dans la pluie, dans
l'ouragan, et, si la corde est trop courte, tu n'auras
plus qu'une manière de descendre, tomber. Tomber au hasard, dans le gouffre, d'une hauteur
quelconque, sur quoi? Sur ce qui est en bas, sur
l'inconnu. Ou tu grimperas par un tuyau de cheminée, au risque de t'y brûler; ou tu ramperas

par un conduit de latrines, au risque de t'y noyer.
Je ne te parle pas des trous qu'il faut masquer, des
pierres qu'il faut ôter et remettre vingt fois par
jour, des plâtras qu'il faut cacher dans sa paillasse. Une serrure se présente; le bourgeois a dans
sa poche sa clef fabriquée par un serrurier. Toi, si
tu veux passer outre, tu es condamné à faire un
chef-d'œuvre effrayant; tu prendras un gros sou,
tu le couperas en deux lames; avec quels outils?
tu les inventeras. Cela te regarde. Puis tu creuseras l'intérieur de ces deux lames, en ménageant
soigneusement le dehors, et tu pratiqueras sur le
bord tout autour un pas de vis, de façon qu'elles
s'ajustent étroitement l'une sur l'autre comme un
fond et comme un couvercle. Le dessous et le dessus
ainsi vissés, on n'y devinera rien. Pour les surveillants, car tu seras guetté, ce sera un gros sou;
pour toi, ce sera une boîte. Que mettras-tu dans
cette boîte? Un petit morceau d'acier. Un ressort
de montre auquel tu auras fait des dents et qui
sera une scie. Avec cette scie, longue comme une
épingle et cachée dans un sou, tu devras couper le
pêne de la serrure, la mèche du verrou, l'anse du
cadenas, et le barreau que tu auras à ta fenêtre, et

la manille que tu auras à ta jambe. Ce chef-d'œuvre fait, ce prodige accompli, tous ces miracles d'art, d'adresse, d'habileté, de patience, exécutés, si l'on vient à savoir que tu en es l'auteur, quelle sera ta récompense? le cachot. Voilà l'avenir. La paresse, le plaisir, quels précipices! Ne rien faire, c'est un lugubre parti pris, sais-tu bien? Vivre oisif de la substance sociale! être inutile, c'est-à-dire nuisible! Cela mène droit au fond de la misère. Malheur à qui veut être parasite! il sera vermine. Ah! il ne te plaît pas de travailler? Ah! tu n'as qu'une pensée : bien boire, bien manger, bien dormir. Tu boiras de l'eau, tu mangeras du pain noir, tu dormiras sur une planche avec une ferraille rivée à tes membres et dont tu sentiras la nuit le froid sur ta chair! Tu briseras cette ferraille, tu t'enfuiras. C'est bon. Tu te traîneras sur le ventre dans les broussailles et tu mangeras de l'herbe comme les brutes des bois. Et tu seras repris. Et alors tu passeras des années dans une basse-fosse, scellé à une muraille, tâtonnant pour boire à ta cruche, mordant dans un affreux pain de ténèbres dont les chiens ne voudraient pas, mangeant des fèves que les vers auront mangées avant toi. Tu seras cloporte dans une cave. Ah ! aie pitié de toi-même, misérable enfant, tout jeune, qui tétais ta nourrice il n'y a pas vingt ans, et qui as sans doute encore ta mère ! je t'en conjure, écoute-moi. Tu veux de fin drap noir, des escarpins vernis, te friser, te mettre dans tes boucles de l'huile qui sent bon, plaire aux créatures, être joli. Tu seras tondu ras avec une casaque rouge et des sabots. Tu veux une bague au doigt, tu auras un carcan au cou. Et si tu regardes une femme, un coup de bâton. Et tu entreras là à vingt ans, et tu en sortiras à cinquante ! Tu entreras jeune, rose, frais, avec tes yeux brillants et toutes tes dents blanches, et ta belle chevelure d'adolescent, tu sortiras cassé, courbé, ridé, édenté, horrible, en cheveux blancs ! Ah ! mon pauvre enfant, tu fais fausse route, la fainéantise te conseille mal ; le plus rude des travaux, c'est le vol. Crois-moi, n'entreprends pas cette pénible besogne d'être un paresseux. Devenir un coquin, ce n'est pas commode. Il est moins malaisé d'être honnête homme. Va maintenant, et pense à ce que je t'ai dit. A propos, que voulais-tu de moi ? ma bourse ? la voici.

Et le vieillard, lâchant Montparnasse, lui mit dans la main sa bourse, que Montparnasse soupesa un moment ; après quoi, avec la même précaution machinale que s'il l'eût volée, Montparnasse la laissa glisser doucement dans la poche de derrière de sa redingote.

Tout cela dit et fait, le bonhomme tourna le dos et reprit tranquillement sa promenade.

— Ganache! murmura Montparnasse.

Qui était ce bonhomme ? le lecteur l'a sans doute deviné.

Montparnasse, stupéfait, le regarda disparaître dans le crépuscule. Cette contemplation lui fut fatale.

Tandis que le vieillard s'éloignait, Gavroche s'approchait.

Gavroche, d'un coup d'œil de côté, s'était assuré que le père Mabeuf, endormi peut-être, était toujours assis sur le banc. Puis le gamin était sorti de sa broussaille, et s'était mis à ramper dans l'ombre en arrière de Montparnasse immobile. Il parvint ainsi jusqu'à Montparnasse sans en être vu ni entendu, insinua doucement sa main dans la poche de derrière de la redingote de fin drap noir, saisit la bourse, retira sa main, et, se remettant à ramper, fit une évasion de couleuvre dans les ténèbres. Montparnasse, qui n'avait aucune raison d'être sur ses gardes et qui songeait pour la première fois de sa vie, ne s'aperçut de rien. Gavroche, quand il fut revenu au point où était le père Mabeuf, jeta la bourse par-dessus la haie, et s'enfuit à toutes jambes.

La bourse tomba sur le pied du père Mabeuf. Cette commotion le réveilla. Il se pencha, et ramassa la bourse. Il n'y comprit rien et l'ouvrit. C'était une bourse à deux compartiments; dans l'un, il y avait quelque monnaie; dans l'autre, il y avait six napoléons.

M. Mabeuf, fort effaré, porta la chose à sa gouvernante.

— Cela tombe du ciel, dit la mère Plutarque.

LIVRE CINQUIÈME

DONT LA FIN NE RESSEMBLE PAS AU COMMENCEMENT

I

LA SOLITUDE ET LA CASERNE COMBINÉES

La douleur de Cosette, si poignante encore et si vive quatre ou cinq mois auparavant, était, à son insu même, entrée en convalescence. La nature, le printemps, la jeunesse, l'amour pour son père, la gaieté des oiseaux et des fleurs faisaient filtrer peu à peu, jour à jour, goutte à goutte, dans cette âme si vierge et si jeune, on ne sait quoi qui ressemblait presque à l'oubli. Le feu s'y éteignait-il tout à fait? ou s'y formait-il seulement des couches de cendre? Le fait est qu'elle ne se sentait presque plus de point douloureux et brûlant.

Un jour elle pensa tout à coup à Marius : — Tiens! dit-elle, je n'y pense plus.

Dans cette même semaine elle remarqua, passant devant la grille du jardin, un fort bel officier de lanciers, taille de guêpe, ravissant uniforme, joues de jeune fille, sabre sous le bras, moustaches cirées, schapska verni. Du reste cheveux blonds, yeux bleus à fleur de tête, figure ronde, vaine, insolente et jolie; tout le contraire de Marius. Un cigare à la bouche. — Cosette songea que cet officier était sans doute du régiment caserné rue de Babylone.

Le lendemain, elle le vit encore passer. Elle remarqua l'heure.

A dater de ce moment, était-ce le hasard? presque tous les jours elle le vit passer.

Les camarades de l'officier s'aperçurent qu'il y avait là, dans ce jardin « mal tenu, » derrière cette méchante grille rococo, une assez jolie créature qui se trouvait presque toujours là au passage du beau lieutenant, lequel n'est point inconnu du lecteur et s'appelait Théodule Gillenormand.

— Tiens! lui disaient-ils. Il y a une petite qui te fait l'œil, regarde donc.

— Est-ce que j'ai le temps, répondait le lancier, de regarder toutes les filles qui me regardent?

C'était précisément l'instant où Marius descendait gravement vers l'agonie et disait : — Si je pouvais seulement la revoir avant de mourir! Si son souhait eût été réalisé, s'il eût vu en ce moment-là Cosette regardant un lancier, il n'eût pas pu prononcer une parole et il eût expiré de douleur.

A qui la faute? A personne.

Marius était de ces tempéraments qui s'enfoncent dans le chagrin et qui y séjournent; Cosette était de ceux qui s'y plongent et qui en sortent.

Cosette du reste traversait ce moment dangereux, phase fatale de la rêverie féminine abandonnée à elle-même, où le cœur d'une jeune fille isolée ressemble à ces vrilles de la vigne qui s'accrochent, selon le hasard, au chapiteau d'une colonne de marbre ou au poteau d'un cabaret. Moment rapide et décisif, critique pour toute orpheline, qu'elle soit pauvre ou qu'elle soit riche, car la richesse ne défend pas du mauvais choix; on se mésallie très-haut; la vraie mésalliance est celle des âmes; et, de même que plus d'un jeune homme inconnu, sans nom, sans naissance, sans fortune, est un chapiteau de marbre qui soutient un temple de grands sentiments et de grandes idées, de même tel homme du monde satisfait et opulent, qui a des bottes polies et des paroles vernies, si l'on regarde, non le dehors, mais le dedans, c'est-à-dire ce qui est réservé à la femme, n'est autre chose qu'un soliveau stupide obscurément hanté par les passions violentes, immondes et avinées; le poteau d'un cabaret.

Qu'y avait-il dans l'âme de Cosette? De la passion calmée ou endormie; de l'amour à l'état flottant; quelque chose qui était limpide, brillant, trouble à une certaine profondeur, sombre plus bas. L'image du bel officier se reflétait à la surface. Y avait-il un souvenir au fond? — tout au fond? — Peut-être. Cosette ne savait pas.

Il survint un incident singulier.

II

PEURS DE COSETTE

Dans la première quinzaine d'avril, Jean Valjean fit un voyage. Cela, on le sait, lui arrivait de temps en temps, à de très-longs intervalles. Il restait absent un ou deux jours au plus. Où allait-il? personne ne le savait, pas même Cosette. Une fois seulement, à un de ces départs, elle l'avait accompagné en fiacre jusqu'au coin d'un petit cul-de-sac sur l'angle duquel elle avait lu : *Impasse de la Plan-*

chette. Là il était descendu, et le fiacre avait ramené Cosette rue de Babylone. C'était en général quand l'argent manquait à la maison que Jean Valjean faisait ces petits voyages.

Jean Valjean était donc absent. Il avait dit : Je reviendrai dans trois jours.

Le soir, Cosette était seule dans le salon. Pour se désennuyer, elle avait ouvert son piano-orgue et elle s'était mise à chanter, en s'accompagnant, le chœur d'Euryanthe : *Chasseurs égarés dans les bois !* qui est peut-être ce qu'il y a de plus beau dans toute la musique. Quand elle eut fini, elle demeura pensive.

Tout à coup il lui sembla qu'elle entendait marcher dans le jardin.

Ce ne pouvait être son père, il était absent ; ce ne pouvait être Toussaint, elle était couchée. Il était dix heures du soir.

Elle alla près du volet du salon qui était fermé et y colla son oreille.

Il lui parut que c'était le pas d'un homme, et qu'on marchait très-doucement.

Elle monta rapidement au premier, dans sa chambre, ouvrit un vasistas percé dans son volet, et regarda dans le jardin. C'était le moment de la pleine lune. On y voyait comme s'il eût fait jour.

Il n'y avait personne.

Elle ouvrit la fenêtre. Le jardin était absolument calme, et tout ce qu'on apercevait de la rue était désert comme toujours.

Cosette pensa qu'elle s'était trompée. Elle avait cru entendre ce bruit. C'était une hallucination produite par le sombre et prodigieux chœur de Weber qui ouvre devant l'esprit des profondeurs effarées, qui tremble au regard comme une forêt vertigineuse, et où l'on entend le craquement des branches mortes sous le pas inquiet des chasseurs entrevus dans le crépuscule.

Elle n'y songea plus.

D'ailleurs Cosette de sa nature n'était pas très-effrayée. Il y avait dans ses veines du sang de bohémienne et d'aventurière qui va pieds nus. On s'en souvient, elle était plutôt alouette que colombe. Elle avait un fond farouche et brave.

Le lendemain, moins tard, à la tombée de la nuit, elle se promenait dans le jardin. Au milieu des pensées confuses qui l'occupaient, elle croyait bien percevoir par instant un bruit pareil au bruit de la veille, comme de quelqu'un qui marcherait dans l'obscurité sous les arbres pas très-loin d'elle, mais elle se disait que rien ne ressemble à un pas qui marche dans l'herbe comme le froissement de deux branches qui se déplacent d'elles-mêmes, et elle n'y prenait pas garde. Elle ne voyait rien d'ailleurs.

Elle sortit de « la broussaille; » il lui restait à traverser une petite pelouse verte pour regagner le perron. La lune qui venait de se lever derrière elle, projeta, comme Cosette sortait du massif, son ombre devant elle sur cette pelouse.

Cosette s'arrêta terrifiée.

A côté de son ombre, la lune découpait distinctement sur le gazon une autre ombre singulièrement effrayante et terrible, une ombre qui avait un chapeau rond.

C'était comme l'ombre d'un homme qui eût été debout sur la lisière du massif à quelques pas en arrière de Cosette.

Elle fut une minute sans pouvoir parler, ni crier, ni appeler, ni bouger, ni tourner la tête.

Enfin elle rassembla tout son courage et se retourna résolûment.

Il n'y avait personne.

Elle regarda à terre. L'ombre avait disparu.

Elle rentra dans la broussaille, fureta hardiment dans les coins, alla jusqu'à la grille, et ne trouva rien.

Elle se sentit vraiment glacée. Était-ce encore une hallucination? Quoi! deux jours de suite! Une hallucination, passe, mais deux hallucinations? Ce qui était inquiétant, c'est que l'ombre n'était assurément pas un fantôme. Les fantômes ne portent guère de chapeaux ronds.

Le lendemain Jean Valjean revint. Cosette lui conta ce qu'elle avait cru entendre et voir. Elle s'attendait à être rassurée et que son père hausserait les épaules et lui dirait : Tu es une petite fille folle.

Jean Valjean devint soucieux.

— Ce ne peut être rien, lui dit-il.

Il la quitta sous un prétexte et alla dans le jardin, et elle l'aperçut qui examinait la grille avec beaucoup d'attention.

Dans la nuit elle se réveilla ; cette fois elle était sûre, et elle entendait distinctement marcher tout près du perron au-dessous de sa fenêtre. Elle courut à son vasistas et l'ouvrit. Il y avait en effet dans le jardin un homme qui tenait un gros bâton à la main. Au moment où elle allait crier, la lune éclaira le profil de l'homme. C'était son père.

Elle se recoucha en se disant : — Il est donc bien inquiet !

Jean Valjean passa dans le jardin cette nuit-là et les deux nuits qui suivirent. Cosette le vit par le trou de son volet.

La troisième nuit, la lune décroissait et commençait à se lever plus tard, il pouvait être une heure du matin, elle entendit un grand éclat de rire et la voix de son père qui l'appelait :

— Cosette !

Elle se jeta à bas du lit, passa sa robe de chambre et ouvrit sa fenêtre.

Son père était en bas sur la pelouse.

— Je te réveille pour te rassurer, dit-il, regarde. Voici ton ombre en chapeau rond.

Et il lui montrait sur le gazon une ombre portée que la lune dessinait et qui ressemblait en effet assez bien au spectre d'un homme qui eût eu un chapeau rond. C'était une silhouette produite par un tuyau de cheminée en tôle, à chapiteau, qui s'élevait au-dessus d'un toit voisin.

Cosette aussi se mit à rire, toutes ses suppositions lugubres tombèrent, et le lendemain, en déjeunant avec son père, elle s'égaya du sinistre jardin hanté par des ombres de tuyaux de poêle.

Jean Valjean redevint tout à fait tranquille ; quant à Cosette, elle ne remarqua pas beaucoup si le tuyau de poêle était bien dans la direction de l'ombre qu'elle avait vue ou cru voir, et si la lune se trouvait au même point du ciel. Elle ne s'interrogea point sur cette singularité d'un tuyau de poêle qui craint d'être pris en flagrant délit et qui se retire quand on regarde son ombre, car l'ombre s'était effacée quand Cosette s'était retournée et Cosette avait bien cru en être sûre. Cosette se rasséréna pleinement. La démonstration lui parut complète, et qu'il pût y avoir quelqu'un qui marchait le soir ou la nuit dans le jardin, ceci lui sortit de la tête.

A quelques jours de là cependant un nouvel incident se produisit.

III

ENRICHIES DES COMMENTAIRES DE TOUSSAINT

Dans le jardin, près de la grille sur la rue, il y avait un banc de pierre défendu par une charmille du regard des curieux, mais auquel pourtant, à la rigueur, le bras d'un passant pouvait atteindre à travers la grille et la charmille.

Un soir de ce même mois d'avril, Jean Valjean était sorti ; Cosette, après le soleil couché, s'était assise sur ce banc. Le vent fraîchissait dans les arbres, Cosette songeait; une tristesse sans objet la gagnait peu à peu, cette tristesse invincible que donne le soir et qui vient peut-être, qui sait? du mystère de la tombe entr'ouvert à cette heure-là.

Fantine était peut-être dans cette ombre.

Cosette se leva, fit lentement le tour du jardin, marchant dans l'herbe inondée de rosée et se disant à travers l'espèce de somnambulisme mélancolique où elle était plongée : — Il faudrait vraiment des sabots pour le jardin à cette heure-ci. On s'enrhume.

Elle revint au banc.

Au moment de s'y rasseoir, elle remarqua à la place qu'elle avait quittée une assez grosse pierre qui n'y était évidemment pas l'instant d'auparavant.

Cosette considéra cette pierre, se demandant ce que cela voulait dire. Tout à coup l'idée que cette pierre n'était point venue sur ce banc toute seule, que quelqu'un l'avait mise là, qu'un bras avait passé à travers cette grille, cette idée lui apparut et lui fit peur. Cette fois ce fut une vraie peur; la pierre était là. Pas de doute possible; elle n'y toucha pas, s'enfuit sans oser regarder derrière elle, se réfugia dans la maison, et ferma tout de suite au volet, à la barre et au verrou la porte-fenêtre du perron. Elle demanda à Toussaint :

— Mon père est-il rentré?

— Pas encore, mademoiselle.

(Nous avons indiqué une fois pour toutes le bégayement de Toussaint. Qu'on nous permette de ne plus l'accentuer. Nous répugnons à la notation musicale d'une infirmité.)

Jean Valjean, homme pensif et promeneur nocturne, ne rentrait souvent qu'assez tard dans la nuit.

— Toussaint, reprit Cosette, vous avez soin de bien barricader le soir les volets sur le jardin au moins, avec les barres, et de bien mettre les petites choses en fer dans les petits anneaux qui ferment?

— Oh! soyez tranquille, mademoiselle.

Toussaint n'y manquait pas, et Cosette le savait bien, mais elle ne put s'empêcher d'ajouter :

— C'est que c'est si désert par ici!

— Pour ça, dit Toussaint, c'est vrai. On serait assassiné avant d'avoir le temps de dire Ouf! Avec cela que monsieur ne couche pas dans la maison. Mais ne craignez rien, mademoiselle, je ferme les fenêtres comme des bastilles. Des femmes seules! je crois bien que cela fait frémir! Vous figurez-vous? voir entrer la nuit des hommes dans la chambre qui vous disent : — Tais-toi! et qui se mettent à vous couper le cou. Ce n'est pas tant de mourir, on meurt, c'est bon, on sait bien qu'il faut qu'on meure, mais c'est l'abomination de sentir ces gens-là vous toucher. Et puis leurs couteaux, ça doit mal couper! Ah Dieu!

— Taisez-vous, dit Cosette. Fermez bien tout.

Cosette, épouvantée du mélodrame improvisé par Toussaint et peut-être aussi du souvenir des apparitions de l'autre semaine qui lui revenaient, n'osa même pas lui dire : — Allez donc voir la pierre qu'on a mise sur le banc! de peur de rouvrir la porte du jardin, et que « les hommes » n'entrassent. Elle fit clore soigneusement partout les portes et les fenêtres, fit visiter par Toussaint toute la maison de la cave au grenier, s'enferma dans sa chambre, mit ses verrous, regarda sous son lit, se coucha et dormit mal. Toute la nuit elle vit la pierre grosse comme une montagne et pleine de cavernes.

Au soleil levant, — le propre du soleil levant

est de nous faire rire de toutes nos terreurs de la nuit, et le rire qu'on a est toujours proportionné à la peur qu'on a eue, — au soleil levant Cosette, en s'éveillant, vit son effroi comme un cauchemar, et se dit : — A quoi ai-je été songer? C'est comme ces pas que j'avais cru entendre l'autre semaine dans le jardin la nuit! c'est comme l'ombre du tuyau de poêle! Est-ce que je vais devenir poltronne à présent? Le soleil, qui rutilait aux fentes de ses volets et faisait de pourpre les rideaux de damas, la rassura tellement que tout s'évanouit dans sa pensée, même la pierre.

— Il n'y avait pas plus de pierre sur le banc, qu'il n'y avait d'homme en chapeau rond dans le jardin; j'ai rêvé la pierre comme le reste.

Elle s'habilla, descendit au jardin, courut au banc, et se sentit une sueur froide. La pierre y était.

Mais ce ne fut qu'un moment. Ce qui est frayeur la nuit est curiosité le jour.

— Bah! dit-elle, voyons donc.

Elle souleva cette pierre qui était assez grosse. Il y avait dessous quelque chose qui ressemblait à une lettre.

C'était une enveloppe de papier blanc. Cosette

s'en saisit; il n'y avait pas d'adresse d'un côté, pas de cachet de l'autre. Cependant l'enveloppe, quoique ouverte, n'était point vide. On entrevoyait des papiers dans l'intérieur.

Cosette fouilla. Ce n'était plus de la frayeur, ce n'était plus de la curiosité; c'était un commencement d'anxiété.

Cosette tira de l'enveloppe ce qu'elle contenait, un petit cahier de papier, dont chaque page était numérotée et portait quelques lignes écrites d'une écriture assez jolie, pensa Cosette, et très-fine.

Cosette chercha un nom, il n'y en avait pas; une signature, il n'y en avait pas. A qui cela était-il adressé? à elle probablement, puisqu'une main avait déposé le paquet sur son banc. De qui cela venait-il? Une fascination irrésistible s'empara d'elle, elle essaya de détourner ses yeux de ces feuillets qui tremblaient dans sa main, elle regarda le ciel, la rue, les acacias tout trempés de lumière, des pigeons qui volaient sur un toit voisin, puis tout à coup son regard s'abaissa vivement sur le manuscrit, et elle se dit qu'il fallait qu'elle sût ce qu'il y avait là dedans.

Voici ce qu'elle lut :

IV

UN COEUR SOUS UNE PIERRE

La réduction de l'univers à un seul être, la dilatation d'un seul être jusqu'à Dieu, voilà l'amour.

———

L'amour, c'est la salutation des anges aux astres.

———

Comme l'âme est triste quand elle est triste par l'amour !

Quel vide que l'absence de l'être qui à lui seul remplit le monde! Oh! comme il est vrai que l'être aimé devient Dieu. On comprendrait que Dieu en fût jaloux si le Père de tout n'avait pas évidemment fait la création pour l'âme, et l'âme pour l'amour.

———

Il suffit d'un sourire entrevu là-bas sous un chapeau de crêpe blanc à bavolet lilas, pour que l'âme entre dans le palais des rêves.

———

Dieu est derrière tout, mais tout cache Dieu. Les choses sont noires, les créatures sont opaques. Aimer un être, c'est le rendre transparent.

———

De certaines pensées sont des prières. Il y a des moments où, quelle que soit l'attitude du corps, l'âme est à genoux.

———

Les amants séparés trompent l'absence par mille

choses chimériques qui ont pourtant leur réalité. On les empêche de se voir, ils ne peuvent s'écrire; ils trouvent une foule de moyens mystérieux de correspondre. Ils s'envoient le chant des oiseaux, le parfum des fleurs, le rire des enfants, la lumière du soleil, les soupirs du vent, les rayons des étoiles, toute la création. Et pourquoi non? Toutes les œuvres de Dieu sont faites pour servir l'amour. L'amour est assez puissant pour charger la nature entière de ses messages.

O Printemps! tu es une lettre que je lui écris.

L'avenir appartient encore bien plus aux cœurs qu'aux esprits. Aimer, voilà la seule chose qui puisse occuper et remplir l'éternité. A l'infini, il faut l'inépuisable.

L'amour participe de l'âme même. Il est de même nature qu'elle. Comme elle il est étincelle divine, comme elle il est incorruptible, indivisible, impérissable. C'est un point de feu qui est en nous, qui est immortel et infini, que rien ne peut borner et que rien ne peut éteindre. On le sent brûler jusque dans la moelle des os et on le voit rayonner jusqu'au fond du ciel.

———

O amour! adorations! volupté de deux esprits qui se comprennent, de deux cœurs qui s'échangent, de deux regards qui se pénètrent! Vous me viendrez, n'est-ce pas, bonheurs! Promenades à deux dans les solitudes! journées bénies et rayonnantes! J'ai quelquefois rêvé que de temps en temps des heures se détachaient de la vie des anges et venaient ici-bas traverser la destinée des hommes.

———

Dieu ne peut rien ajouter au bonheur de ceux qui s'aiment que de leur donner la durée sans fin. Après une vie d'amour, une éternité d'amour, c'est une augmentation en effet; mais accroître en son intensité même la félicité ineffable que l'amour donne à l'âme dès ce monde, c'est impossible, même à Dieu. Dieu, c'est la plénitude du ciel; l'amour, c'est la plénitude de l'homme.

———

Vous regardez une étoile pour deux motifs, parce qu'elle est lumineuse et parce qu'elle est impénétrable. Vous avez auprès de vous un plus doux rayonnement et un plus grand mystère, la femme.

Tous, qui que nous soyons, nous avons nos êtres respirables. S'ils nous manquent, l'air nous manque, nous étouffons. Alors on meurt. Mourir par manque d'amour, c'est affreux. L'asphyxie de l'âme.

Quand l'amour a fondu et mêlé deux êtres dans une unité angélique et sacrée, le secret de la vie est trouvé pour eux; ils ne sont plus que les deux termes d'une même destinée; ils ne sont plus que les deux ailes d'un même esprit. Aimez, planez!

Le jour où une femme qui passe devant vous dégage de la lumière en marchant, vous êtes perdu, vous aimez. Vous n'avez plus qu'une chose à faire :

penser à elle si fixement qu'elle soit contrainte de penser à vous.

Ce que l'amour commence ne peut être achevé que par Dieu.

L'amour vrai se désole et s'enchante pour un gant perdu ou pour un mouchoir trouvé, et il a besoin de l'éternité pour son dévouement et ses espérances. Il se compose à la fois de l'infiniment grand et de l'infiniment petit.

Si vous êtes pierre, soyez aimant, si vous êtes plante, soyez sensitive, si vous êtes homme, soyez amour.

Rien ne suffit à l'amour. On a le bonheur, on veut le paradis; on a le paradis, on veut le ciel.

O vous qui vous aimez, tout cela est dans l'amour. Sachez l'y trouver. L'amour a autant que le ciel, la contemplation, et de plus que le ciel, la volupté.

———

— Vient-elle encore au Luxembourg? — Non, monsieur. — C'est dans cette église qu'elle entend la messe, n'est-ce pas? — Elle n'y vient plus. — Habite-t-elle toujours cette maison? — Elle est déménagée. — Où est-elle allée demeurer? — Elle ne l'a pas dit.

Quelle chose sombre de ne pas savoir l'adresse de son âme !

———

L'amour a des enfantillages, les autres passions ont des petitesses. Honte aux passions qui rendent l'homme petit! Honneur à celle qui le fait enfant !

———

C'est une chose étrange, savez-vous cela? Je suis dans la nuit. Il y a un être qui en s'en allant a emporté le ciel.

———

Oh! être couchés côte à côte dans le même tombeau la main dans la main, et de temps en temps, dans les ténèbres, nous caresser doucement un doigt, cela suffirait à mon éternité.

———

Vous qui souffrez parce que vous aimez, aimez plus encore. Mourir d'amour, c'est en vivre.

———

Aimez. Une sombre transfiguration étoilée est mêlée à ce supplice. Il y a de l'extase dans l'agonie.

———

O joie des oiseaux! c'est parce qu'ils ont le nid qu'ils ont le chant.

———

L'amour est une respiration céleste de l'air du paradis.

———

Cœurs profonds, esprits sages, prenez la vie comme Dieu l'a faite; c'est une longue épreuve, une preparation inintelligible à la destinée inconnue. Cette destinée, la vraie, commence pour l'homme à la première marche de l'intérieur du tombeau. Alors il lui apparaît quelque chose, et il commence à distinguer le définitif. Le définitif, songez à ce mot. Les vivants voient l'infini; le définitif ne se laisse voir qu'aux morts. En attendant, aimez et souffrez, espérez et contemplez. Malheur, hélas! à qui n'aura aimé que des corps, des formes, des apparences! La mort lui ôtera tout. Tâchez d'aimer des âmes, vous les retrouverez.

J'ai rencontré dans la rue un jeune homme très-pauvre qui aimait. Son chapeau était vieux, son habit était usé; il avait les coudes troués; l'eau passait à travers ses souliers et les astres à travers son âme.

Quelle grande chose, être aimé! Quelle chose plus grande encore, aimer! Le cœur devient héroïque à force de passion. Il ne se compose plus de rien que de pur; il ne s'appuie plus sur rien que d'élevé et de grand. Une pensée indigne n'y peut pas plus germer qu'une ortie sur un glacier. L'âme haute et sereine, inaccessible aux passions et aux émotions vulgaires, dominant les nuées et les ombres de ce monde, les folies, les mensonges, les haines, les vanités, les misères, habite le bleu du ciel, et ne sent plus que les ébranlements profonds et souterrains de la destinée, comme le haut des montagnes sent les tremblements de terre.

S'il n'y avait pas quelqu'un qui aime, le soleil s'éteindrait.

V

COSETTE APRÈS LA LETTRE

Pendant cette lecture, Cosette entrait peu à peu en rêverie. Au moment où elle levait les yeux de la dernière ligne du cahier, le bel officier, c'était son heure, passa triomphant devant la grille. Cosette le trouva hideux.

Elle se remit à contempler le cahier. Il était écrit d'une écriture ravissante, pensa Cosette; de la même main, mais avec des encres diverses, tantôt très-noires, tantôt blanchâtres, comme lorsqu'on met de l'encre dans l'encrier, et par conséquent à des jours différents. C'était donc une pensée qui s'était épanchée là, soupir à soupir, irrégulièrement, sans ordre, sans choix, sans but, au hasard. Cosette n'avait jamais rien lu de pareil. Ce manuscrit, où elle voyait plus de clarté encore que d'obscurité, lui faisait l'effet d'un sanctuaire entr'ouvert. Chacune de ces lignes mystérieuses resplendissait à ses yeux et lui inondait le cœur d'une lumière étrange. L'éducation qu'elle avait reçue lui avait parlé toujours de l'âme et jamais de l'amour, à peu près comme qui parlerait du tison et point de la flamme. Ce manuscrit de quinze pages lui révélait brusquement et doucement tout l'amour, la douleur, la destinée, la vie, l'éternité, le commencement, la fin. C'était comme une main qui se serait ouverte et lui aurait jeté subitement une poignée de rayons. Elle sentait dans ces quelques lignes une nature passionnée, ardente, généreuse, honnête, une volonté sacrée, une immense douleur et un espoir immense, un cœur serré, une extase épanouie. Qu'était-ce que ce manuscrit? une lettre. Lettre sans adresse, sans nom, sans date, sans signature, pressante et désintéressée, énigme composée de vérités, message d'amour fait pour être apporté par un ange et lu par une vierge, rendez-vous donné hors de la terre, billet doux d'un fantôme à une ombre. C'était un absent tranquille et accablé qui semblait prêt à se réfugier dans la mort et qui envoyait à l'absente le secret de la destinée, la clef de la vie, l'amour. Cela avait été écrit le pied dans le tombeau et le doigt dans le ciel. Ces lignes, tombées une à une sur le papier, étaient ce qu'on pourrait appeler des gouttes d'âme.

Maintenant ces pages, de qui pouvaient-elles venir? qui pouvait les avoir écrites?

Cosette n'hésita pas une minute. Un seul homme. Lui!

Le jour s'était refait dans son esprit; tout avait reparu. Elle éprouvait une joie inouïe et une angoisse profonde. C'était lui! lui qui lui écrivait! lui qui était là! lui dont le bras avait passé à travers cette grille! Pendant qu'elle l'oubliait, il l'avait retrouvée! Mais est-ce qu'elle l'avait oublié? Non, jamais! Elle était folle d'avoir cru cela un moment. Elle l'avait toujours aimé, toujours adoré.

Le feu s'était couvert et avait couvé quelque temps, mais elle le voyait bien, il n'avait fait que creuser plus avant, et maintenant il éclatait de nouveau et l'embrasait tout entière. Ce cahier était comme une flammèche tombée de cette autre âme dans la sienne. Elle sentait recommencer l'incendie. Elle se pénétrait de chaque mot du manuscrit : — Oh oui! disait-elle, comme je reconnais tout cela! C'est tout ce que j'avais déjà lu dans ses yeux.

Comme elle l'achevait pour la troisième fois, le lieutenant Théodule revint devant la grille et fit sonner ses éperons sur le pavé. Force fut à Cosette de lever les yeux. Elle le trouva fade, niais, sot, inutile, fat, déplaisant, impertinent et très-laid. L'officier crut devoir lui sourire. Elle se détourna honteuse et indignée. Elle lui aurait volontiers jeté quelque chose à la tête.

Elle s'enfuit, rentra dans la maison et s'enferma dans sa chambre pour relire le manuscrit, pour l'apprendre par cœur, et pour songer. Quand elle l'eut bien lu, elle le baisa et le mit dans son corset.

C'en était fait, Cosette était retombée dans le profond amour séraphique. L'abîme Éden venait de se rouvrir.

Toute la journée, Cosette fut dans une sorte d'étourdissement. Elle pensait à peine, ses idées étaient à l'état d'écheveau brouillé dans son cerveau, elle ne parvenait à rien conjecturer, elle espérait à travers un tremblement, quoi? des choses vagues. Elle n'osait rien se promettre, et ne voulait rien se refuser. Des pâleurs lui passaient sur le visage et des frissons sur le corps. Il lui semblait par moments qu'elle entrait dans le chimérique ; elle se disait : est-ce réel? alors elle tâtait le papier bien-aimé sous sa robe, elle le pressait contre son cœur, elle en sentait les angles sur sa chair, et si Jean Valjean l'eût vue en ce moment, il eût frémi devant cette joie lumineuse et inconnue qui lui débordait des paupières. — Oh oui! pensait-elle. C'est bien lui! ceci vient de lui pour moi!

Et elle se disait qu'une intervention des anges, qu'un hasard céleste, le lui avait rendu.

O transfigurations de l'amour! ô rêves! ce hasard céleste, cette intervention des anges, c'était cette boulette de pain lancée par un voleur à un autre voleur, de la cour Charlemagne à la Fosse-aux-Lions, par-dessus les toits de la Force.

VI

LES VIEUX SONT FAITS POUR SORTIR A PROPOS

Le soir venu, Jean Valjean sortit; Cosette s'habilla. Elle arrangea ses cheveux de la manière qui lui allait le mieux, et elle mit une robe dont le corsage, qui avait reçu un coup de ciseau de trop, et qui, par cette échancrure, laissait voir la naissance du cou, était, comme disent les jeunes filles, « un peu indécent. » Ce n'était pas le moins du monde indécent, mais c'était plus joli qu'autrement. Elle fit toute cette toilette sans savoir pourquoi.

Voulait-elle sortir? non.

Attendait-elle une visite? non.

A la brune, elle descendit au jardin. Toussaint était occupée à sa cuisine qui donnait sur l'arrière-cour.

Elle se mit à marcher sous les branches, les écartant de temps en temps avec la main, parce qu'il y en avait de très-basses.

Elle arriva ainsi au banc.

La pierre y était restée.

Elle s'assit, et posa sa douce main blanche sur cette pierre comme si elle voulait la caresser et la remercier.

Tout à coup, elle eut cette impression indéfinissable qu'on éprouve, même sans voir, lorsqu'on a quelqu'un debout derrière soi.

Elle tourna la tête et se dressa.

C'était lui.

Il était tête nue. Il paraissait pâle et amaigri. On distinguait à peine son vêtement noir. Le crépuscule blêmissait son beau front et couvrait ses yeux de ténèbres. Il avait, sous un voile d'incomparable douceur, quelque chose de la mort et de la nuit. Son visage était éclairé par la clarté du jour qui se meurt et par la pensée d'une âme qui s'en va.

Il semblait que ce n'était pas encore le fantôme et que ce n'était déjà plus l'homme.

Son chapeau était jeté à quelques pas dans les broussailles.

Cosette, prête à défaillir, ne poussa pas un cri. Elle reculait lentement, car elle se sentait attirée. Lui ne bougeait point. A je ne sais quoi d'ineffable et de triste qui l'enveloppait, elle sentait le regard de ses yeux qu'elle ne voyait pas.

Cosette, en reculant, rencontra un arbre et s'y adossa. Sans cet arbre, elle fût tombée.

Alors elle entendit sa voix, cette voix qu'elle n'avait vraiment jamais entendue, qui s'élevait à peine au-dessus du frémissement des feuilles et qui murmurait :

— Pardonnez-moi, je suis là. J'ai le cœur gonflé, je ne pouvais pas vivre comme j'étais, je suis venu. Avez-vous lu ce que j'avais mis là, sur ce banc? me reconnaissez-vous un peu? n'ayez pas peur de moi. Voilà du temps déjà, vous rappelez-vous le jour où vous m'avez regardé? c'était dans le Luxembourg, près du gladiateur. Et le jour où vous avez passé devant moi? c'était le 16 juin et le 2 juillet. Il va y avoir un an. Depuis bien longtemps, je ne vous ai plus vue. J'ai demandé à la loueuse de chaises, elle m'a dit qu'elle ne vous voyait plus. Vous demeuriez rue de l'Ouest au troisième sur le devant dans une maison neuve, vous voyez que je sais! Je vous suivais, moi. Qu'est-ce que j'avais à faire? Et puis vous avez disparu. J'ai cru vous voir passer une fois que je lisais les journaux sous les arcades de l'Odéon. J'ai couru. Mais non. C'était une personne qui avait un chapeau comme vous. La nuit, je viens ici. Ne craignez pas, personne ne me voit. Je viens regarder vos fenêtres de près. Je marche bien doucement pour que vous n'entendiez pas, car vous auriez peut-être peur. L'autre soir j'étais derrière vous, vous vous êtes retournée, je me suis enfui. Une fois je vous ai entendue chanter. J'étais heureux. Est-ce que cela vous fait quelque chose que je vous entende chanter à travers le volet? cela ne peut rien vous faire. Non, n'est-ce pas? Voyez-vous, vous êtes mon ange, laissez-moi venir un peu; je crois que je vais mourir. Si vous saviez! je vous adore, moi! Pardonnez-moi, je vous parle, je ne sais pas ce que je vous dis, je vous fâche peut-être. est-ce que je vous fâche ?

— O ma mère ! dit-elle.

Et elle s'affaissa sur elle-même comme si elle se mourait.

Il la prit, elle tombait, il la prit dans ses bras, il la serra étroitement sans avoir conscience de ce qu'il faisait. Il la soutenait tout en chancelant. Il était comme s'il avait la tête pleine de fumée ; des éclairs lui passaient entre les cils ; ses idées s'évanouissaient ; il lui semblait qu'il accomplissait un acte religieux et qu'il commettait une profanation. Du reste il n'avait pas le moindre désir de cette femme ravissante dont il sentait la forme contre sa poitrine. Il était éperdu d'amour.

Elle lui prit une main et la posa sur son cœur. Il sentit le papier qui y était, il balbutia :

— Vous m'aimez donc ?

Elle répondit d'une voix si basse que ce n'était plus qu'un souffle qu'on entendait à peine :

— Tais-toi ! tu le sais !

Et elle cacha sa tête rouge dans le sein du jeune homme superbe et enivré.

Il tomba sur le banc, elle près de lui. Ils n'avaient

plus de paroles. Les étoiles commençaient à rayonner. Comment se fit-il que leurs lèvres se rencontrèrent? Comment se fait-il que l'oiseau chante, que la neige fonde, que la rose s'ouvre, que mai s'épanouisse, que l'aube blanchisse derrière les arbres noirs au sommet frissonnant des collines?

Un baiser, et ce fut tout.

Tous deux tressaillirent, et ils se regardèrent dans l'ombre avec des yeux éclatants.

Ils ne sentaient ni la nuit fraîche, ni la pierre froide, ni la terre humide, ni l'herbe mouillée, ils se regardaient et ils avaient le cœur plein de pensées. Ils s'étaient pris les mains, sans savoir.

Elle ne lui demandait pas, elle n'y songeait pas même, par où il était entré et comment il avait pénétré dans le jardin. Cela lui paraissait si simple qu'il fût là!

De temps en temps le genou de Marius touchait le genou de Cosette, et tous deux frémissaient.

Par intervalles, Cosette bégayait une parole. Son âme tremblait à ses lèvres comme une goutte de rosée à une fleur.

Peu à peu ils se parlèrent. L'épanchement succéda au silence qui est la plénitude. La nuit était sereine et splendide au-dessus de leur tête. Ces deux êtres, purs comme des esprits, se dirent tout, leurs songes, leurs ivresses, leurs extases, leurs chimères, leurs défaillances, comme ils s'étaient adorés de loin, comme ils s'étaient souhaités, leur désespoir quand ils avaient cessé de s'apercevoir. Ils se confièrent dans une intimité idéale, que rien déjà ne pouvait plus accroître, ce qu'ils avaient de plus caché et de plus mystérieux. Ils se racontèrent, avec une foi candide dans leurs illusions, tout ce que l'amour, la jeunesse et ce reste d'enfance qu'ils avaient, leur mettaient dans la pensée. Ces deux cœurs se versèrent l'un dans l'autre, de sorte qu'au bout d'une heure, c'était le jeune homme qui avait l'âme de la jeune fille et la jeune fille qui avait l'âme du jeune homme. Ils se pénétrèrent, ils s'enchantèrent, ils s'éblouirent.

Quand ils eurent fini, quand ils se furent tout dit, elle posa sa tête sur son épaule et lui demanda :

— Comment vous appelez-vous?

— Je m'appelle Marius, dit-il. Et vous?

— Je m'appelle Cosette.

LIVRE SIXIÈME

LE PETIT GAVROCHE

I

MÉCHANTE ESPIÈGLERIE DU VENT

Depuis 1823, tandis que la gargote de Montfermeil sombrait et s'engloutissait peu à peu, non dans l'abîme d'une banqueroute, mais dans le cloaque des petites dettes, les mariés Thénardier avaient eu deux autres enfants ; mâles tous deux. Cela faisait cinq ; deux filles et trois garçons. C'était beaucoup.

La Thénardier s'était débarrassée des deux derniers, encore en bas âge et tout petits, avec un bonheur singulier.

Débarrassée est le mot. Il n'y avait chez cette femme qu'un fragment de nature. Phénomène dont il y a du reste plus d'un exemple. Comme la maréchale de La Mothe-Houdancourt, la Thénardier n'était mère que jusqu'à ses filles. Sa maternité finissait là. Sa haine du genre humain commençait à ses garçons. Du côté de ses fils sa méchanceté était à pic, et son cœur avait à cet endroit un lugubre escarpement. Comme on l'a vu, elle détestait l'aîné ; elle exécrait les deux autres. Pourquoi ? Parce que. Le plus terrible des motifs et la plus indiscutable des réponses : Parce que. — Je n'ai pas besoin d'une tiaulée d'enfants, disait cette mère.

Expliquons comment les Thénardier étaient parvenus à s'exonérer de leurs deux derniers enfants, et même à en tirer profit.

Cette fille Magnon, dont il a été question quelques pages plus haut, était la même qui avait réussi à faire renter par le bonhomme Gillenormand les deux enfants qu'elle avait. Elle demeurait quai des Célestins, à l'angle de cette antique rue du Petit-Musc qui a fait ce qu'elle a pu pour changer en bonne odeur sa mauvaise renommée. On se souvient de la grande épidémie de croup qui désola, il y a trente-cinq ans, les quartiers riverains de la Seine à Paris, et dont la science profita pour expérimenter sur une large échelle l'efficacité des insufflations d'alun, si utilement remplacées aujourd'hui par la teinture externe d'iode. Dans cette épidémie, la Magnon perdit, le même jour, l'un le matin, l'autre le soir, ses deux garçons, encore en très-bas âge. Ce fut un coup. Ces enfants étaient précieux à leur mère; ils représentaient quatre-vingts francs par mois. Ces quatre-vingts francs étaient fort exactement soldés, au nom de M. Gillenormand, par son receveur de rentes, M. Barge, huissier retiré, rue du Roi-de-Sicile. Les enfants morts, la rente était enterrée. La Magnon chercha un expédient. Dans cette ténébreuse maçonnerie du mal dont elle faisait partie, on sait tout, on se garde le secret, et l'on s'entr'aide. Il fallait deux enfants à la Magnon; la Thénardier en avait deux. Même sexe, même âge. Bon arrangement pour l'une, bon placement pour l'autre. Les petits Thénardier devinrent les petits

Magnon. La Magnon quitta le quai des Célestins et alla demeurer rue Clocheperce. A Paris, l'identité qui lie un individu à lui-même se rompt d'une rue à l'autre.

L'état civil, n'étant averti par rien, ne réclama pas, et la substitution se fit le plus simplement du monde. Seulement le Thénardier exigea, pour ce prêt d'enfants, dix francs par mois que la Magnon promit, et même paya. Il va sans dire que M. Gillenormand continua de s'exécuter. Il venait tous les six mois voir les petits. Il ne s'aperçut pas du changement. — Monsieur, lui disait la Magnon, comme ils vous ressemblent!

Thénardier, à qui les avatars étaient aisés, saisit cette occasion de devenir Jondrette. Ses deux filles et Gavroche avaient à peine eu le temps de s'apercevoir qu'ils avaient deux petits frères. A un certain degré de misère, on est gagné par une sorte d'indifférence spectrale, et l'on voit les êtres comme des larves. Vos plus proches ne sont souvent pour vous que de vagues formes de l'ombre, à peine distinctes du fond nébuleux de la vie et facilement remêlées à l'invisible.

Le soir du jour où elle avait fait livraison de ses

deux petits à la Magnon, avec la volonté bien expresse d'y renoncer à jamais, la Thénardier avait eu, ou fait semblant d'avoir, un scrupule. Elle avait dit à son mari : — Mais c'est abandonner ses enfants, cela! Thénardier, magistral et flegmatique, cautérisa le scrupule avec ce mot : Jean-Jacques Rousseau a fait mieux! Du scrupule la mère avait passé à l'inquiétude : — Mais si la police allait nous tourmenter? Ce que nous avons fait là, monsieur Thénardier, dis donc, est-ce que c'est permis? — Thénardier répondit : — Tout est permis. Personne n'y verra que de l'azur. D'ailleurs, dans des enfants qui n'ont pas le sou, nul n'a intérêt à y regarder de près.

La Magnon était une sorte d'élégante du crime. Elle faisait de la toilette. Elle partageait son logis, meublé d'une façon maniérée et misérable, avec une savante voleuse anglaise francisée. Cette anglaise naturalisée parisienne, recommandable par des relations fort riches, intimement liée avec les médailles de la bibliothèque et les diamants de Mlle Mars, fut plus tard célèbre dans les sommiers judiciaires. On l'appelait *mamselle Miss*.

Les deux petits échus à la Magnon n'eurent pas

à se plaindre. Recommandés par les quatre-vingts francs, ils étaient ménagés, comme tout ce qui est exploité ; point mal vêtus, point mal nourris, traités presque comme de « petits messieurs, » mieux avec la fausse mère qu'avec la vraie. La Magnon faisait la dame et ne parlait pas argot devant eux.

Ils passèrent ainsi quelques années. Le Thénardier en augurait bien. Il lui arriva un jour de dire à la Magnon qui lui remettait ses dix francs mensuels : — Il faudra que « le père » leur donne de l'éducation.

Tout à coup, ces deux pauvres enfants, jusque-là assez protégés, même par leur mauvais sort, furent brusquement jetés dans la vie, et forcés de la commencer.

Une arrestation en masse de malfaiteurs comme celle du galetas Jondrette, nécessairement compliquée de perquisitions et d'incarcérations ultérieures, est un véritable désastre pour cette hideuse contre-société occulte qui vit sous la société publique ; une aventure de ce genre entraîne toute sorte d'écroulements dans ce monde sombre. La catastrophe des Thénardier produisit la catastrophe de la Magnon.

Un jour, peu de temps après que la Magnon eut remis à Éponine le billet relatif à la rue Plumet, il se fit rue Clocheperce une subite descente de police ; la Magnon fut saisie, ainsi que mamselle Miss, et toute la maisonnée, qui était suspecte, passa dans le coup de filet. Les deux petits garçons jouaient pendant ce temps-là dans une arrière-cour et ne virent rien de la razzia. Quand ils voulurent rentrer, ils trouvèrent la porte fermée et la maison vide. Un savetier d'une échoppe en face les appela et leur remit un papier que « leur mère » avait laissé pour eux. Sur le papier il y avait une adresse : M. Barge, receveur de rentes, rue du Roi-de-Sicile, n° 8. L'homme de l'échoppe leur dit : — Vous ne demeurez plus ici. Allez là. C'est tout près. La première rue à gauche. Demandez votre chemin avec ce papier-ci.

Les enfants partirent, l'aîné menant le cadet, et tenant à la main le papier qui devait les guider. Il avait froid, et ses petits doigts engourdis serraient peu et tenaient mal ce papier. Au détour de la rue Clocheperce, un coup de vent le lui arracha, et, comme la nuit tombait, l'enfant ne put le retrouver.

Ils se mirent à errer au hasard dans les rues.

II

OU LE PETIT GAVROCHE TIRE PARTI DE NAPOLÉON
LE GRAND

Le printemps à Paris est assez souvent traversé par des bises aigres et dures dont on est, non pas précisément glacé, mais gelé; ces bises qui attristent les plus belles journées, font exactement l'effet de ces souffles d'air froid qui entrent dans une chambre chaude par les fentes d'une fenêtre ou d'une porte mal fermée. Il semble que la sombre porte de l'hiver soit restée entre-bâillée et qu'il vienne du vent par là. Au printemps de 1832, époque où éclata la première grande épidémie de ce siècle en Europe, ces bises étaient plus âpres et plus poignantes que jamais. C'était une porte plus glaciale encore que celle de l'hiver qui était entr'ouverte. C'était la porte du sépulcre. On sentait dans ces bises le souffle du choléra.

Au point de vue météorologique, ces vents froids avaient cela de particulier qu'ils n'excluaient point une forte tension électrique. De fréquents orages, accompagnés d'éclairs et de tonnerre, éclatèrent à cette époque.

Un soir que ces bises soufflaient rudement, au point que janvier semblait revenu et que les bourgeois avaient repris les manteaux, le petit Gavroche, toujours grelottant gaiement sous ses loques, se tenait debout et comme en extase devant la boutique d'un perruquier des environs de l'Orme-Saint-Gervais. Il était orné d'un châle de femme en laine, cueilli on ne sait où, dont il s'était fait un cache-nez. Le petit Gavroche avait l'air d'admirer profondément une mariée en cire, décolletée et coiffée de fleurs d'oranger, qui tournait derrière la vitre, montrant, entre deux quinquets, son sourire aux passants; mais en réalité il observait la boutique afin de voir s'il ne pourrait pas « chiper » dans la devanture un pain de savon, qu'il irait ensuite revendre un sou à un « coiffeur » de la banlieue. Il lui arrivait souvent de déjeuner d'un de ces pains-là. Il appelait ce genre de travail, pour lequel il avait du talent, « faire la barbe aux barbiers. »

Tout en contemplant la mariée et tout en lorgnant le pain de savon, il grommelait entre ses dents ceci : — Mardi. — Ce n'est pas mardi. — Est-ce mardi? — C'est peut-être mardi. — Oui, c'est mardi.

On n'a jamais su à quoi avait trait ce monologue.

Si, par hasard, ce monologue se rapportait à la dernière fois où il avait dîné, il y avait trois jours, car on était au vendredi.

Le barbier, dans sa boutique chauffée d'un bon poêle, rasait une pratique et jetait de temps en temps un regard de côté à cet ennemi, à ce gamin gelé et effronté qui avait les deux mains dans ses poches, mais l'esprit évidemment hors du fourreau.

Pendant que Gavroche examinait la mariée, le

vitrage et les Windsor-soap, deux enfants de taille inégale, assez proprement vêtus, et encore plus petits que lui, paraissant l'un sept ans, l'autre cinq, tournèrent timidement le bec de canne et entrèrent dans la boutique en demandant on ne sait quoi, la charité peut-être, dans un murmure plaintif et qui ressemblait plutôt à un gémissement qu'à une prière. Ils parlaient tous deux à la fois, et leurs paroles étaient inintelligibles parce que les sanglots coupaient la voix du plus jeune et que le froid faisait claquer les dents de l'aîné. Le barbier se tourna avec un visage furieux, et sans quitter son rasoir, refoulant l'aîné de la main gauche et le petit du genou, les poussa dans la rue, et referma sa porte en disant :

— Venir refroidir le monde pour rien !

Les deux enfants se remirent en marche en pleurant. Cependant une nuée était venue; il commençait à pleuvoir.

Le petit Gavroche courut après eux et les aborda :

— Qu'est-ce que vous avez donc, moutards ?

— Nous ne savons pas où coucher, répondit l'aîné.

— C'est ça ? dit Gavroche. Voilà grand'chose.

Est-ce qu'on pleure pour ça? Sont-ils serins donc !

Et prenant, à travers sa supériorité un peu goguenarde, un accent d'autorité attendrie et de protection douce :

— Momacques, venez avec moi.

— Oui, monsieur, fit l'aîné.

Et les deux enfants le suivirent comme ils auraient suivi un archevêque. Ils avaient cessé de pleurer.

Gavroche leur fit monter la rue Saint-Antoine dans la direction de la Bastille.

Gavroche, tout en cheminant, jeta un coup d'œil indigné et rétrospectif à la boutique du barbier.

— Ça n'a pas de cœur, ce merlan-là, grommela-t-il. C'est un angliche.

Une fille, les voyant marcher à la file tous les trois, Gavroche en tête, partit d'un rire bruyant. Ce rire manquait de respect au groupe.

— Bonjour, mamselle Omnibus, lui dit Gavroche.

Un instant après, le perruquier lui revenant, il ajouta :

— Je me trompe de bête; ce n'est pas un merlan, c'est un serpent. Perruquier, j'irai chercher un serrurier, et je te ferai mettre une sonnette à la queue.

Ce perruquier l'avait rendu agressif. Il apostropha, en enjambant un ruisseau, une portière barbue et digne de rencontrer Faust sur le Brocken, laquelle avait son balai à la main.

— Madame, lui dit-il, vous sortez donc avec votre cheval?

Et sur ce, il éclaboussa les bottes vernies d'un passant.

— Drôle! cria le passant furieux.

Gavroche leva le nez par-dessus son châle.

— Monsieur se plaint?

— De toi! fit le passant.

— Le bureau est fermé, dit Gavroche, je ne reçois plus de plaintes.

Cependant, en continuant de monter la rue, il avisa, toute glacée sous une porte cochère, une mendiante de treize ou quatorze ans, si court-vêtue qu'on voyait ses genoux. La petite commençait à être trop grande fille pour cela. La croissance vous joue de ces tours. La jupe devient courte au moment où la nudité devient indécente.

— Pauvre fille! dit Gavroche. Ça n'a même pas de culotte. Tiens, prends toujours ça.

Et, défaisant toute cette bonne laine qu'il avait autour du cou, il la jeta sur les épaules maigres et violettes de la mendiante, où le cache-nez redevint châle.

La petite le considéra d'un air étonné et reçut le châle en silence. A un certain degré de détresse, le pauvre, dans sa stupeur, ne gémit plus du mal et ne remercie plus du bien.

Cela fait:

— Brrr! dit Gavroche plus frissonnant que saint Martin qui, lui du moins, avait gardé la moitié de son manteau.

Sur ce brrr! l'averse, redoublant d'humeur, fit rage. Ces mauvais ciels-là punissent les bonnes actions.

— Ah çà, s'écria Gavroche, qu'est-ce que cela signifie? Il repleut! Bon Dieu, si cela continue, je me désabonne.

Et il se remit en marche.

— C'est égal, reprit-il en jetant un coup d'œil à la mendiante qui se pelotonnait sous le châle, en voilà une qui a une fameuse pelure.

Et, regardant la nuée, il cria :

— Attrapé !

Les deux enfants emboîtaient le pas derrière lui.

Comme ils passaient devant un de ces épais treillis grillés qui indiquent la boutique d'un boulanger, car on met le pain comme l'or derrière des grillages de fer, Gavroche se tourna :

— Ah çà, mômes, avons-nous dîné ?

— Monsieur, répondit l'aîné, nous n'avons pas mangé depuis tantôt ce matin.

— Vous êtes donc sans père ni mère? reprit majestueusement Gavroche.

— Faites excuse, monsieur, nous avons papa et maman, mais nous ne savons pas où ils sont.

— Des fois, cela vaut mieux que de le savoir, dit Gavroche qui était un penseur.

— Voilà, continua l'aîné, deux heures que nous marchons, nous avons cherché des choses au coin des bornes, mais nous ne trouvons rien.

— Je sais, fit Gavroche. C'est les chiens qui mangent tout.

Il reprit après un silence :

— Ah ! nous avons perdu nos auteurs. Nous ne

savons plus ce que nous en avons fait. Ça ne se doit pas, gamins. C'est bête d'égarer comme ça des gens d'âge. Ah çà! il faut licher pourtant.

Du reste il ne leur fit pas de questions. Être sans domicile, quoi de plus simple?

L'aîné des deux mômes, presque entièrement revenu à la prompte insouciance de l'enfance, fit cette exclamation :

— C'est drôle tout de même. Maman qui avait dit qu'elle nous mènerait chercher du buis bénit le dimanche des rameaux.

— Neurs, répondit Gavroche.

— Maman, reprit l'aîné, est une dame qui demeure avec mamselle Miss.

— Tanflûte, repartit Gavroche.

Cependant il s'était arrêté, et depuis quelques minutes il tâtait et fouillait toutes sortes de recoins qu'il avait dans ses haillons.

Enfin il releva la tête d'un air qui ne voulait qu'être satisfait, mais qui était en réalité triomphant.

— Calmons-nous, les momignards. Voici de quoi souper pour trois.

Et il tira d'une de ses poches un sou.

Sans laisser aux deux petits le temps de s'ébahir, il les poussa tous deux devant lui dans la boutique du boulanger, et mit son sou sur le comptoir en criant :

— Garçon ! cinque centimes de pain.

Le boulanger, qui était le maître en personne, prit un pain et un couteau.

— En trois morceaux, garçon ! reprit Gavroche, et il ajouta avec dignité :

— Nous sommes trois.

Et voyant que le boulanger, après avoir examiné les trois soupeurs, avait pris un pain bis, il plongea profondément son doigt dans son nez avec une aspiration aussi impérieuse que s'il eût eu au bout du pouce la prise de tabac du grand Frédéric, et jeta au boulanger en plein visage cette apostrophe indignée :

— Keksekça?

Ceux de nos lecteurs qui seraient tentés de voir dans cette interpellation de Gavroche au boulanger un mot russe ou polonais, ou l'un de ces cris sauvages que les Yoways et les Botocudos se lancent du bord d'un fleuve à l'autre à travers les solitudes, sont prévenus que c'est un mot qu'ils disent tous les jours (eux nos lecteurs) et qui tient lieu de cette phrase : qu'est-ce que c'est que cela? Le boulanger comprit parfaitement et répondit :

— Eh mais! c'est du pain, du très-bon pain de deuxième qualité.

— Vous voulez dire du larton brutal (*), reprit Gavroche, calme et froidement dédaigneux. Du pain blanc, garçon ! du larton savonné ! je régale.

Le boulanger ne put s'empêcher de sourire, et tout en coupant le pain blanc, il les considérait d'une façon compatissante qui choqua Gavroche.

— Ah çà, mitron ! dit-il, qu'est-ce que vous avez donc à nous toiser comme ça?

Mis tous trois bout à bout, ils auraient à peine fait une toise.

Quand le pain fut coupé, le boulanger encaissa le sou, et Gavroche dit aux deux enfants :

— Morfilez.

Les petits garçons le regardèrent interdits.

Gavroche se mit à rire :

— Ah ! tiens, c'est vrai, ça ne sait pas encore, c'est si petit.

(*) Pain noir.

Et il reprit :

— Mangez.

En même temps, il leur tendait à chacun un morceau de pain.

Et, pensant que l'aîné, qui lui paraissait plus digne de sa conversation, méritait quelque encouragement spécial et devait être débarrassé de toute hésitation à satisfaire son appétit, il ajouta en lui donnant la plus grosse part :

— Colle-toi ça dans le fusil.

Il y avait un morceau plus petit que les deux autres; il le prit pour lui.

Les pauvres enfants étaient affamés, y compris Gavroche. Tout en arrachant leur pain à belles dents, ils encombraient la boutique du boulanger qui, maintenant qu'il était payé, les regardait avec humeur.

— Rentrons dans la rue, dit Gavroche.

Ils reprirent la direction de la Bastille.

De temps en temps, quand ils passaient devant les devantures de boutiques éclairées, le plus petit s'arrêtait pour regarder l'heure à une montre en plomb suspendue à son cou par une ficelle.

—Voilà décidément un fort serin, disait Gavroche.

Puis, pensif, il grommelait entre ses dents :

— C'est égal, si j'avais des mômes, je les serrerais mieux que ça.

Comme ils achevaient leur morceau de pain et atteignaient l'angle de cette morose rue des Ballets au fond de laquelle on aperçoit le guichet bas et hostile de la Force :

— Tiens, c'est toi, Gavroche? dit quelqu'un.

— Tiens, c'est toi, Montparnasse? dit Gavroche.

C'était un homme qui venait d'aborder le gamin, et cet homme n'était autre que Montparnasse déguisé, avec des besicles bleues, mais reconnaissable pour Gavroche.

— Mâtin! poursuivit Gavroche, tu as une pelure couleur cataplasme de graine de lin et des lunettes bleues comme un médecin. Tu as du style, parole de vieux!

— Chut, fit Montparnasse, pas si haut.

Et il entraîna vivement Gavroche hors de la lumière des boutiques.

Les deux petits suivaient machinalement en se tenant par la main.

Quand ils furent sous l'archivolte noire d'une porte cochère à l'abri des regards et de la pluie :

— Sais-tu où je vas? demanda Montparnasse.

— A l'abbaye de Monte-à-Regret (*), dit Gavroche.

— Farceur!

Et Montparnasse reprit :

— Je vas retrouver Babet.

— Ah! fit Gavroche, elle s'appelle Babet.

Montparnasse baissa la voix.

— Pas elle, lui.

— Ah, Babet!

— Oui, Babet.

— Je le croyais bouclé.

— Il a défait la boucle, répondit Montparnasse.

Et il conta rapidement au gamin que, le matin de ce même jour où ils étaient, Babet, ayant été transféré à la Conciergerie, s'était évadé en prenant à gauche au lieu de prendre à droite dans « le corridor de l'instruction. »

Gavroche admira l'habileté.

— Quel dentiste! dit-il.

Montparnasse ajouta quelques détails sur l'évasion de Babet et termina par :

(*) A l'echafaud.

— Oh! ce n'est pas tout.

Gavroche, tout en écoutant, s'était saisi d'une canne que Montparnasse tenait à la main, il en avait machinalement tiré la partie supérieure, et la lame d'un poignard avait apparu.

— Ah! fit-il en repoussant vivement le poignard, tu as emmené ton gendarme déguisé en bourgeois.

Montparnasse cligna de l'œil.

— Fichtre! reprit Gavroche, tu vas donc te colleter avec les cognes?

— On ne sait pas, répondit Montparnasse d'un air indifférent. Il est toujours bon d'avoir une épingle sur soi.

Gavroche insista :

— Qu'est-ce que tu vas donc faire cette nuit?

Montparnasse prit de nouveau la corde grave et dit en mangeant les syllabes :

— Des choses.

Et changeant brusquement de conversation :

— A propos!

— Quoi?

— Une histoire de l'autre jour. Figure-toi. Je rencontre un bourgeois. Il me fait cadeau d'un sermon et de sa bourse. Je mets ça dans ma poche.

Une minute après, je fouille dans ma poche. Il n'y avait plus rien.

— Que le sermon, fit Gavroche.

— Mais toi, reprit Montparnasse, où vas-tu donc maintenant?

Gavroche montra ses deux protégés et dit :

Je vas coucher ces enfants-là.

— Où ça coucher?

— Chez moi.

— Où ça chez toi?

— Chez moi.

— Tu loges donc?

— Oui, je loge.

— Et où loges-tu?

— Dans l'éléphant, dit Gavroche.

Montparnasse, quoique de sa nature peu étonné, ne put retenir une exclamation :

— Dans l'éléphant!

— Eh bien oui, dans l'éléphant! repartit Gavroche. Kekçaa?

Ceci est encore un mot de la langue que personne n'écrit et que tout le monde parle. Kekçaa, signifie : qu'est-ce que cela a?

L'observation profonde du gamin ramena Montparnasse au calme et au bon sens. Il parut revenir à de meilleurs sentiments pour le logis de Gavroche.

— Au fait! dit-il, oui, l'éléphant. Y est-on bien?

— Très-bien, fit Gavroche. Là, vrai, chenument. Il n'y a pas de vents coulis comme sous les ponts.

— Comment y entres-tu?

— J'entre.

— Il y a donc un trou? demanda Montparnasse.

— Parbleu! Mais il ne faut pas le dire. C'est entre les jambes de devant. Les coqueurs (*) ne l'ont pas vu.

— Et tu grimpes? Oui, je comprends.

— Un tour de main, cric, crac, c'est fait, plus personne.

Après un silence, Gavroche ajouta :

— Pour ces petits j'aurai une échelle.

Montparnasse se mit à rire :

— Où diable as-tu pris ces mions-là?

Gavroche répondit avec simplicité :

(*) Mouchards, gens de police.

— C'est des momichards dont un perruquier m'a fait cadeau.

Cependant Montparnasse était devenu pensif.

— Tu m'as reconnu bien aisément, murmura-t-il.

Il prit dans sa poche deux petits objets qui n'étaient autre chose que deux tuyaux de plume enveloppés de coton et s'en introduisit un dans chaque narine. Ceci lui faisait un autre nez.

— Ça te change, dit Gavroche, tu es moins laid, tu devrais garder toujours ça?

Montparnasse était joli garçon, mais Gavroche était railleur.

— Sans rire, demanda Montparnasse, comment me trouves-tu?

C'était aussi un autre son de voix. En un clin d'œil, Montparnasse était devenu méconnaissable.

— Oh! fais-nous Porrichinelle! s'écria Gavroche.

Les deux petits, qui n'avaient rien écouté jusque-là, occupés qu'ils étaient eux-mêmes à fourrer leurs doigts dans leur nez, s'approchèrent à ce nom et regardèrent Montparnasse avec un commencement de joie et d'admiration.

Malheureusement Montparnasse était soucieux.

Il posa sa main sur l'épaule de Gavroche et lui dit en appuyant sur les mots :

— Écoute ce que je te dis, garçon, si j'étais sur la place, avec mon dogue, ma dague et ma digue, et si vous me prodiguiez dix gros sous, je ne refuserais d'y goupiner (*), mais nous ne sommes pas le mardi gras.

Cette phrase bizarre produisit sur le gamin un effet singulier. Il se retourna vivement, promena avec une attention profonde ses petits yeux brillants autour de lui, et aperçut, à quelques pas, un sergent de ville qui leur tournait le dos. Gavroche laissa échapper un : ah, bon ! qu'il réprima sur le champ, et secouant la main de Montparnasse :

— Eh bien, bonsoir, fit-il, je m'en vas à mon éléphant avec mes mômes. Une supposition que tu aurais besoin de moi une nuit, tu viendrais me trouver là. Je loge à l'entre-sol. Il n'y a pas de portier. Tu demanderais monsieur Gavroche.

— C'est bon, dit Montparnasse.

Et ils se séparèrent, Montparnasse cheminant vers la Grève et Gavroche vers la Bastille. Le petit

---

(*) Travailler.

de cinq ans, traîné par son frère que traînait Gavroche, tourna plusieurs fois la tête en arrière pour voir s'en aller « Porrichinelle ».

La phrase amphigourique par laquelle Montparnasse avait averti Gavroche de la présence du sergent de ville ne contenait pas d'autre talisman que l'assonance *dig* répétée cinq ou six fois sous des formes variées. Cette syllabe *dig,* non prononcée isolément, mais artistement mêlée aux mots d'une phrase, veut dire : — *Prenons garde, on ne peut pas parler librement.* — Il y avait en outre dans la phrase de Montparnasse une beauté littéraire qui échappa à Gavroche, c'est *mon dogue, ma dague et ma digue,* locution de l'argot du Temple qui signifie *mon chien, mon couteau et ma femme,* fort usitée parmi les pitres et les queues rouges du grand siècle où Molière écrivait et où Callot dessinait.

Il y a vingt ans, on voyait encore dans l'angle sud-est de la place de la Bastille près de la gare du canal creusée dans l'ancien fossé de la prison-citadelle, un monument bizarre qui s'est effacé déjà de la mémoire des Parisiens, et qui méritait d'y laisser quelque trace, car c'était une pensée du « membre de l'Institut, général en chef de l'armée d'Égypte. »

Nous disons monument, quoique ce ne fût qu'une maquette. Mais cette maquette elle-même, ébauche prodigieuse, cadavre grandiose d'une idée de Napoléon que deux ou trois coups de vent successifs avaient emportée et jetée à chaque fois plus loin de nous, était devenue historique, et avait pris je ne sais quoi de définitif qui contrastait avec son aspect provisoire. C'était un éléphant de quarante pieds de haut, construit en charpente et en maçonnerie, portant sur son dos sa tour qui ressemblait à une maison, jadis peint en vert par un badigeonneur quelconque, maintenant peint en noir par le ciel, la pluie et le temps. Dans cet angle désert et découvert de la place, le large front du colosse, sa trompe, ses défenses, sa tour, sa croupe énorme, ses quatre pieds pareils à des colonnes faisaient, la nuit, sur le ciel étoilé, une silhouette surprenante et terrible. On ne savait ce que cela voulait dire. C'était une sorte de symbole de la force populaire. C'était sombre, énigmatique et immense. C'était on ne sait quel fantôme puissant visible et debout à côté du spectre invisible de la Bastille.

Peu d'étrangers visitaient cet édifice, aucun passant ne le regardait. Il tombait en ruine; à chaque saison, des plâtras qui se détachaient de ses flancs lui faisaient des plaies hideuses. « Les édiles, » comme on dit en patois élégant, l'avaient oublié depuis 1814. Il était là dans son coin, morne, malade, croulant, entouré d'une palissade pourrie souillée à chaque instant par des cochers ivres; des crevasses lui lézardaient le ventre, une latte lui sortait de la queue, les hautes herbes lui poussaient entre les jambes; et comme le niveau de la place s'élevait depuis trente ans tout autour par ce mouvement lent et continu qui exhausse insensiblement le sol des grandes villes, il était dans un creux et il semblait que la terre s'enfonçât sous lui. Il était immonde, méprisé, repoussant et superbe, laid aux yeux du bourgeois, mélancolique aux yeux du penseur. Il avait quelque chose d'une ordure qu'on va balayer et quelque chose d'une majesté qu'on va décapiter.

Comme nous l'avons dit, la nuit l'aspect changeait. La nuit est le véritable milieu de tout ce qui est ombre. Dès que tombait le crépuscule, le vieil éléphant se transfigurait; il prenait une figure tranquille et redoutable dans la formidable sérénité des ténèbres. Étant du passé, il était de la nuit; et cette obscurité allait à sa grandeur.

Ce monument, rude, trapu, pesant, âpre, austère, presque difforme, mais à coup sûr majestueux et empreint d'une sorte de gravité magnifique et sauvage, a disparu pour laisser régner en paix l'espèce de poêle gigantesque, orné de son tuyau, qui a remplacé la sombre forteresse à neuf tours, à peu près comme la bourgeoisie remplace la féodalité. Il est tout simple qu'un poêle soit le symbole d'une époque dont une marmite contient la puissance. Cette époque passera, elle passe déjà; on commence à comprendre que, s'il peut y avoir de la force dans une chaudière, il ne peut y avoir de puissance que dans un cerveau; en d'autres termes, que ce qui mène et entraîne le monde, ce ne sont pas les locomotives, ce sont les idées. Attelez les locomotives aux idées, c'est bien; mais ne prenez pas le cheval pour le cavalier.

Quoi qu'il en soit, pour revenir à la place de la Bastille, l'architecte de l'éléphant avec du plâtre était parvenu à faire du grand; l'architecte du tuyau de poêle a réussi à faire du petit avec du bronze.

Ce tuyau de poêle, qu'on a baptisé d'un nom sonore et nommé la colonne de Juillet, ce monument manqué d'une révolution avortée, était encore enveloppé en 1832 d'une immense chemise en charpente que nous regrettons pour notre part, et d'un vaste enclos en planches, qui achevait d'isoler l'éléphant.

Ce fut vers ce coin de la place, à peine éclairé du reflet d'un réverbère éloigné, que le gamin dirigea les deux « mômes. »

Qu'on nous permette de nous interrompre ici et de rappeler que nous sommes dans la simple réalité, et qu'il y a vingt ans les tribunaux correctionnels eurent à juger, sous prévention de vagabondage et de bris d'un monument public, un enfant qui avait été surpris couché dans l'intérieur même de l'éléphant de la Bastille. Ce fait constaté, nous continuons.

En arrivant près du colosse, Gavroche comprit l'effet que l'infiniment grand peut produire sur l'infiniment petit, et dit :

— Moutards! n'ayez pas peur.

Puis il entra par une lacune de la palissade dans l'enceinte de l'éléphant et aida les mômes à enjamber la brèche. Les deux enfants, un peu effrayés, suivaient sans dire mot Gavroche et se confiaient à cette petite providence en guenilles qui leur avait donné du pain et leur avait promis un gîte.

Il y avait là, couchée le long de la palissade, une échelle qui servait le jour aux ouvriers du chantier voisin. Gavroche la souleva avec une singulière vigueur, et l'appliqua contre une des jambes de devant de l'éléphant. Vers le point où l'échelle allait aboutir, on distinguait une espèce de trou noir dans le ventre du colosse.

Gavroche montra l'échelle et le trou à ses hôtes et leur dit :

— Montez et entrez.

Les deux petits garçons se regardèrent terrifiés.

— Vous avez peur, mômes ! s'écria Gavroche.

Et il ajouta :

— Vous allez voir.

Il étreignit le pied rugueux de l'éléphant, et en un clin d'œil, sans daigner se servir de l'échelle, il arriva à la crevasse. Il y entra comme une couleuvre qui se glisse dans une fente, et s'y enfonça, et un moment après les deux enfants virent vaguement apparaître, comme une forme blanchâtre et blafarde, sa tête pâle au bord du trou plein de ténèbres.

— Eh bien, cria-t-il, montez donc, les momignards ! vous allez voir comme on est bien ! — Monte, toi ! dit-il à l'aîné, je te tends la main.

Les petits se poussèrent de l'épaule, le gamin leur faisait peur et les rassurait à la fois, et puis il pleuvait bien fort. L'aîné se risqua. Le plus jeune, en voyant monter son frère et lui resté tout seul entre les pattes de cette grosse bête, avait bien envie de pleurer, mais il n'osait.

L'aîné gravissait, tout en chancelant, les barreaux de l'échelle; Gavroche, chemin faisant, l'encourageait par des exclamations de maître d'armes à ses écoliers ou de muletier à ses mules :

— Aye pas peur !
— C'est ça !
— Va toujours !
— Mets ton pied là !
— Ta main ici.
— Hardi !

Et quand il fut à sa portée, il l'empoigna brusquement et vigoureusement par le bras et le tira à lui.

— Gobé! dit-il.

Le môme avait franchi la crevasse.

— Maintenant, fit Gavroche, attends-moi. Monsieur, prenez la peine de vous asseoir.

Et, sortant de la crevasse comme il y était entré, il se laissa glisser avec l'agilité d'un ouistiti le long de la jambe de l'éléphant, il tomba debout sur ses pieds dans l'herbe, saisit le petit de cinq ans à bras-le-corps et le planta au beau milieu de l'échelle, puis il se mit à monter derrière lui en criant à l'aîné :

— Je vas le pousser, tu vas le tirer.

En un instant le petit fut monté, poussé, traîné, tiré, bourré, fourré dans le trou sans avoir eu le temps de se reconnaître, et Gavroche entrant après lui, repoussant d'un coup de talon l'échelle qui tomba sur le gazon, se mit à battre des mains et cria:

— Nous y v'là ! Vive le général Lafayette !

Cette explosion passée, il ajouta :

— Les mioches, vous êtes chez moi.

Gavroche était en effet chez lui.

O utilité inattendue de l'inutile! charité des grandes choses! bonté des géants! Ce monument démesuré qui avait contenu une pensée de l'empereur était devenu la boîte d'un gamin. Le môme avait été accepté et abrité par le colosse. Les bourgeois endimanchés qui passaient devant l'éléphant de la Bastille disaient volontiers en le toisant d'un air de mépris avec leurs yeux à fleur de tête : — A quoi cela sert-il? — Cela servait à sauver du froid, du givre, de la grêle, de la pluie, à garantir du vent d'hiver, à préserver du sommeil dans la boue qui donne la fièvre et du sommeil dans la neige qui donne la mort, un petit être sans père ni mère, sans pain, sans vêtements, sans asile. Cela servait à recueillir l'innocent que la société repoussait. Cela servait à diminuer la faute publique. C'était une tanière ouverte à celui auquel toutes les portes étaient fermées. Il semblait que le vieux mastodonte misérable, envahi par la vermine et par l'oubli, couvert de verrues, de moisissures et d'ulcères, chancelant, vermoulu, abandonné, condamné, espèce de mendiant colossal demandant en vain l'aumône d'un regard bienveillant au milieu du carrefour, avait eu pitié, lui, de cet autre mendiant, du pauvre pygmée qui s'en allait sans souliers aux pieds, sans plafond sur la tête, soufflant dans ses doigts, vêtu de chiffons, nourri de ce qu'on jette. Voilà à quoi servait l'éléphant de la Bastille. Cette idée de Napoléon, dédaignée par les hommes, avait été reprise par Dieu. Ce qui n'eût été qu'illustre était devenu auguste. Il eût fallu à l'empereur, pour réaliser ce qu'il méditait, le porphyre, l'airain, le fer, l'or, le marbre; à Dieu le vieil assemblage de planches, de solives et de plâtras suffisait. L'empereur avait eu un rêve de génie; dans cet éléphant titanique, armé, prodigieux, dressant sa trompe, portant sa tour, et faisant jaillir de toute part autour de lui des eaux joyeuses et vivifiantes, il voulait incarner le peuple; Dieu en avait fait une chose plus grande, il y logeait un enfant.

Le trou par où Gavroche était entré était une brèche à peine visible du dehors, cachée qu'elle était, nous l'avons dit, sous le ventre de l'éléphant, et si étroite qu'il n'y avait guère que des chats et des mômes qui pussent y passer.

— Commençons, dit Gavroche, par dire au portier que nous n'y sommes pas.

Et plongeant dans l'obscurité avec certitude comme quelqu'un qui connaît son appartement, il prit une planche et en boucha le trou.

Gavroche replongea dans l'obscurité. Les enfants entendirent le reniflement de l'allumette plongée dans la bouteille phosphorique. L'allumette chimique n'existait pas encore; le briquet Fumade représentait à cette époque le progrès.

Une clarté subite leur fit cligner les yeux; Gavroche venait d'allumer un de ces bouts de ficelle trempés dans la résine qu'on appelle rats de cave. Le rat de cave, qui fumait plus qu'il n'éclairait, rendait confusément visible le dedans de l'éléphant.

Les deux hôtes de Gavroche regardèrent autour d'eux et éprouvèrent quelque chose de pareil à ce qu'éprouverait quelqu'un qui serait enfermé dans la grosse tonne de Heidelberg, ou mieux encore, à ce que dut éprouver Jonas dans le ventre biblique de la baleine. Tout un squelette gigantesque leur apparaissait et les enveloppait. En haut, une longue poutre brune d'où partaient de distance en distance de massives membrures cintrées figurait la colonne vertébrale avec les côtes, des stalactites de plâtre y pendaient comme des viscères, et d'une côte à l'autre de vastes toiles d'araignées faisaient des diaphragmes poudreux. On voyait çà et là dans les coins de grosses taches noirâtres qui avaient l'air de vivre et qui se déplaçaient rapidement avec un mouvement brusque et effaré.

Les débris tombés du dos de l'éléphant sur son ventre en avaient comblé la concavité, de sorte qu'on pouvait y marcher comme sur un plancher.

Le plus petit se rencogna contre son frère et dit à demi-voix :

— C'est noir.

Ce mot fit exclamer Gavroche. L'air pétrifié des deux mômes rendait une secousse nécessaire.

— Qu'est-ce que vous me fichez? s'écria-t-il. Blaguons-nous? faisons-nous les dégoûtés? Vous faut-il pas les Tuileries? seriez-vous des brutes? Dites-le. Je vous préviens que je ne suis pas du régiment des godiches. Ah çà, est-ce que vous êtes les moutards du moutardier du pape?

Un peu de rudoiement est bon dans l'épouvante. Cela rassure. Les deux enfants se rapprochèrent de Gavroche.

Gavroche, paternellement attendri de cette confiance, passa « du grave au doux » et s'adressant au plus petit :

— Bêta, lui dit-il en accentuant l'injure d'une

nuance caressante, c'est dehors que c'est noir. Dehors il pleut, ici il ne pleut pas; dehors il fait froid, ici il n'y a pas une miette de vent; dehors il y a des tas de monde, ici il n'y a personne; dehors il n'y a pas même la lune, ici il y a ma chandelle, nom d'unch!

Les deux enfants commençaient à regarder l'appartement avec moins d'effroi; mais Gavroche ne leur laissa pas plus longtemps le loisir de la contemplation.

— Vite, dit-il.

Et il les poussa vers ce que nous sommes très-heureux de pouvoir appeler le fond de la chambre.

Là était son lit.

Le lit de Gavroche était complet. C'est-à-dire qu'il y avait un matelas, une couverture et une alcôve avec rideaux.

Le matelas était une natte de paille, la couverture un assez vaste pagne de grosse laine grise fort chaude et presque neuve. Voici ce que c'était que l'alcôve.

Trois échalas assez longs enfoncés et consolidés dans les gravois du sol, c'est-à-dire du ventre de l'éléphant, deux en avant un en arrière, et réunis par une corde à leur sommet, de manière à former un faisceau pyramidal. Ce faisceau supportait un treillage de fil de laiton qui était simplement posé dessus, mais artistement appliqué et maintenu par des attaches de fil de fer, de sorte qu'il enveloppait entièrement les trois échalas. Un cordon de grosses pierres fixait tout autour ce treillage sur le sol de manière à ne rien laisser passer. Ce treillage n'était autre chose qu'un morceau de ces grillages de cuivre dont on revêt les volières dans les ménageries. Le lit de Gavroche était sous ce grillage comme dans une cage. L'ensemble ressemblait à une tente d'esquimau.

C'est ce grillage qui tenait lieu de rideaux.

Gavroche dérangea un peu les pierres qui assujettissaient le grillage par devant, les deux pans du treillage qui retombaient l'un sur l'autre s'écartèrent.

— Mômes, à quatre pattes ! dit Gavroche.

Il fit entrer avec précaution ses hôtes dans la cage, puis il y entra après eux, en rampant, rapprocha les pierres et referma hermétiquement l'ouverture.

Ils s'étaient étendus tous trois sur la natte.

Si petits qu'ils fussent, aucun d'eux n'eût pu se tenir debout dans l'alcôve. Gavroche avait toujours le rat de cave à sa main.

— Maintenant, dit-il, pioncez! Je vas supprimer le candélabre.

— Monsieur, demanda l'aîné des deux frères à Gavroche en montrant le grillage, qu'est-ce que c'est donc que ça?

— Ça, dit Gavroche gravement, c'est pour les rats. — Pioncez!

Cependant il se crut obligé d'ajouter quelques paroles pour l'instruction de ces êtres en bas âge, et il continua :

— C'est des choses du Jardin des Plantes. Ça sert aux animaux féroces. Gniena (il y en a) plein un magasin. Gnia (il n'y a) qu'à monter par-dessus un mur, qu'à grimper par une fenêtre et qu'à passer sous une porte. On en a tant qu'on veut.

Tout en parlant, il enveloppait d'un pan de la couverture le tout petit qui murmura :

— Oh! c'est bon! c'est chaud!

Gavroche fixa un œil satisfait sur la couverture.

— C'est encore du Jardin des Plantes, dit-il. J'ai pris cela aux singes.

Et, montrant à l'aîné la natte sur laquelle il était couché, natte fort épaisse et admirablement travaillée, il ajouta :

— Ça, c'était à la girafe.

Après une pause, il poursuivit :

— Les bêtes avaient tout ça. Je le leur ai pris. Ça ne les a pas fâchées. Je leur ai dit : C'est pour l'éléphant.

Il fit encore un silence et reprit :

— On passe par-dessus les murs et on se fiche du gouvernement. V'là.

Les deux enfants considéraient avec un respect craintif et stupéfait cet être intrépide et inventif, vagabond comme eux, isolé comme eux, chétif comme eux, qui avait quelque chose d'admirable et de tout-puissant, qui leur semblait surnaturel, et dont la physionomie se composait de toutes les grimaces d'un vieux saltimbanque mêlées au plus naïf et au plus charmant sourire.

— Monsieur, fit timidement l'aîné, vous n'avez donc pas peur des sergents de ville?

Gavroche se borna à répondre :

— Môme! on ne dit pas les sergents de ville, on dit les cognes.

Le tout petit avait les yeux ouverts, mais il ne disait rien. Comme il était au bord de la natte, l'aîné étant au milieu, Gavroche lui borda la couverture comme eût fait une mère et exhaussa la natte sous sa tête avec de vieux chiffons de manière à faire au môme un oreiller. Puis il se tourna vers l'aîné :

— Hein? on est joliment bien, ici!

— Ah oui! répondit l'aîné en regardant Gavroche avec une expression d'ange sauvé.

Les deux pauvres petits enfants tout mouillés commençaient à se réchauffer.

— Ah çà, continua Gavroche, pourquoi donc est-ce que vous pleuriez?

Et montrant le petit à son frère :

— Un mioche comme ça, je ne dis pas, mais un grand comme toi, pleurer, c'est crétin; on a l'air d'un veau.

— Dame, fit l'enfant, nous n'avions plus du tout de logement où aller.

— Moutard! reprit Gavroche, on ne dit pas un logement, on dit une piolle.

— Et puis nous avions peur d'être tout seuls comme ça la nuit.

— On ne dit pas la nuit, on dit la sorgue.

— Merci, monsieur, dit l'enfant.

— Écoute, repartit Gavroche, il ne faut plus geindre jamais pour rien. J'aurai soin de vous. Tu verras comme on s'amuse. L'été, nous irons à la Glacière avec Navet, un camarade à moi, nous nous baignerons à la Gare, nous courrons tout nus sur les trains devant le pont d'Austerlitz, ça fait rager les blanchisseuses. Elles crient, elles bisquent, si tu savais comme elles sont farces! Nous irons voir l'homme-squelette. Il est en vie. Aux Champs-Élysées. Il est maigre comme tout, ce paroissien-là. Et puis je vous conduirai au spectacle. Je vous mènerai à Frédérick-Lemaître. J'ai des billets, je connais des acteurs, j'ai même joué une fois dans une pièce. Nous étions des mômes comme ça, on courait sous une toile, ça faisait la mer. Je vous ferai engager à mon théâtre. Nous irons voir les sauvages. Ce n'est pas vrai, ces sauvages-là. Ils ont des maillots roses qui font des plis, et on leur voit aux coudes des reprises en fil blanc. Après ça, nous irons à l'Opéra. Nous entrerons avec les claqueurs. La claque à l'Opéra est très-bien composée. Je n'irais pas avec la claque sur les boulevards. A l'Opéra, figure-toi, il y en a qui payent vingt sous, mais c'est des bêtas. On les appelle des lavettes. — Et puis nous irons voir guillotiner. Je vous ferai voir le bourreau. Il demeure rue des Marais. Monsieur Sanson. Il y a une boîte aux lettres à la porte. Ah! on s'amuse fameusement!

En ce moment, une goutte de cire tomba sur le doigt de Gavroche et le rappela aux réalités de la vie.

— Bigre! dit-il, v'là la mèche qui s'use. Attention! je ne peux pas mettre plus d'un sou par mois à mon éclairage. Quand on se couche, il faut dormir. Nous n'avons pas le temps de lire des romans de monsieur Paul de Kock. Avec ça que la lumière pourrait passer par les fentes de la porte cochère, et les cognes n'auraient qu'à voir.

— Et puis, observa timidement l'aîné qui seul osait causer avec Gavroche et lui donner la réplique, un fumeron pourrait tomber dans la paille, il faut prendre garde de brûler la maison.

— On ne dit pas brûler la maison, fit Gavroche, on dit riffauder le bocard.

L'orage redoublait. On entendait, à travers des

roulements de tonnerre, l'averse battre le dos du colosse.

— Enfoncé, la pluie! dit Gavroche. Ça m'amuse d'entendre couler la carafe le long des jambes de la maison. L'hiver est une bête; il perd sa marchandise, il perd sa peine, il ne peut pas nous mouiller, et ça le fait bougonner, ce vieux porteur d'eau-là!

Cette allusion au tonnerre, dont Gavroche, en sa qualité de philosophe du dix-neuvième siècle, acceptait toutes les conséquences, fut suivie d'un large éclair, si éblouissant que quelque chose en entra par la crevasse dans le ventre de l'éléphant. Presque en même temps la foudre gronda, et très-furieusement. Les deux petits poussèrent un cri, et se soulevèrent si vivement que le treillage en fut presque écarté; mais Gavroche tourna vers eux sa face hardie et profita du coup de tonnerre pour éclater de rire.

— Du calme, enfants. Ne bousculons pas l'édifice. Voilà du beau tonnerre; à la bonne heure. Ce n'est pas là de la gnognotte d'éclair. Bravo le bon Dieu! nom d'unch! c'est presque aussi bien qu'à l'Ambigu.

Cela dit, il refit l'ordre dans le treillage, poussa doucement les deux enfants sur le chevet du lit, pressa leurs genoux pour les bien étendre tout de leur long et s'écria :

— Puisque le bon Dieu allume sa chandelle, je peux souffler la mienne. Les enfants, il faut dormir, mes jeunes humains. C'est très-mauvais de ne pas dormir. Ça vous ferait schlinguer du couloir, ou, comme on dit dans le grand monde, puer de la gueule. Entortillez-vous bien de la pelure ! je vas éteindre. Y êtes-vous ?

— Oui, murmura l'aîné, je suis bien. J'ai comme de la plume sous la tête.

— On ne dit pas la tête, cria Gavroche, on dit la tronche.

Les deux enfants se serrèrent l'un contre l'autre. Gavroche acheva de les arranger sur la natte et leur monta la couverture jusqu'aux oreilles, puis répéta pour la troisième fois l'injonction en langue hiératique :

— Pioncez !

Et il souffla le lumignon.

A peine la lumière était-elle éteinte qu'un tremblement singulier commença à ébranler le treillage sous lequel les trois enfants étaient couchés. C'était une multitude de frottements sourds qui rendaient un son métallique, comme si des griffes et des dents grinçaient sur le fil de cuivre. Cela était accompagné de toutes sortes de petits cris aigus.

Le petit garçon de cinq ans, entendant ce vacarme au-dessus de sa tête et glacé d'épouvante, poussa du coude son frère aîné, mais le frère aîné « pionçait » déjà, comme Gavroche le lui avait ordonné. Alors le petit, n'en pouvant plus de peur, osa interpeller Gavroche, mais tout bas, en retenant son haleine :

— Monsieur ?

— Hein ? fit Gavroche qui venait de fermer les paupières.

— Qu'est-ce que c'est donc ça ?

— C'est les rats, répondit Gavroche.

Et il remit sa tête sur la natte.

Les rats en effet, qui pullulaient par milliers dans la carcasse de l'éléphant et qui étaient ces taches noires vivantes dont nous avons parlé, avaient été tenus en respect par la flamme de la bougie tant qu'elle avait brillé, mais dès que cette caverne, qui était comme leur cité, avait été rendue à la nuit, sentant là ce que le bon conteur Perrault appelle « de la chair fraîche, » ils s'étaient rués en foule sur la tente de Gavroche, avaient grimpé jusqu'au sommet, et en mordaient les mailles comme s'ils cherchaient à percer cette zinzelière d'un nouveau genre.

Cependant le petit ne dormait pas.

— Monsieur! reprit-il.

— Hein? fit Gavroche.

— Qu'est-ce que c'est donc que les rats?

— C'est des souris.

Cette explication rassura un peu l'enfant. Il avait vu dans sa vie des souris blanches et il n'en avait pas eu peur. Pourtant il éleva encore la voix :

— Monsieur?

— Hein? reprit Gavroche.

— Pourquoi n'avez-vous pas un chat?

— J'en ai eu un, répondit Gavroche, j'en ai apporté un, mais ils me l'ont mangé.

Cette seconde explication défit l'œuvre de la première, et le petit recommença à trembler. Le dialogue entre lui et Gavroche reprit pour la quatrième fois.

— Monsieur !

— Hein ?

— Qui ça qui a été mangé ?

— Le chat.

— Qui ça qui a mangé le chat ?

— Les rats.

— Les souris ?

— Oui, les rats.

L'enfant, consterné de ces souris qui mangent les chats, poursuivit :

— Monsieur, est-ce qu'elles nous mangeraient, ces souris-là ?

— Pardi ! fit Gavroche.

La terreur de l'enfant était au comble. Mais Gavroche ajouta :

— N'eïlle pas peur ! ils ne peuvent pas entrer. Et puis je suis là ! Tiens, prends ma main. Taistoi, et pionce !

Gavroche en même temps prit la main du petit par-dessus son frère. L'enfant serra cette main contre lui et se sentit rassuré. Le courage et la force ont de ces communications mystérieuses. Le silence s'était refait autour d'eux, le bruit des voix avait effrayé et éloigné les rats ; au bout de quelques minutes ils eurent beau revenir et faire rage, les trois mômes, plongés dans le sommeil, n'entendaient plus rien.

Les heures de la nuit s'écoulèrent. L'ombre couvrait l'immense place de la Bastille, un vent d'hiver qui se mêlait à la pluie soufflait par bouffées, les patrouilles furetaient les portes, les allées, les enclos, les coins obscurs, et, cherchant les vagabonds nocturnes, passaient silencieusement devant l'éléphant; le monstre, debout, immobile, les yeux ouverts dans les ténèbres, avait l'air de rêver comme satisfait de sa bonne action, et abritait du ciel et des hommes les trois pauvres enfants endormis.

Pour comprendre ce qui va suivre, il faut se souvenir qu'à cette époque le corps de garde de la Bastille était situé à l'autre extrémité de la place, et que ce qui se passait près de l'éléphant ne pouvait être ni aperçu, ni entendu par la sentinelle.

Vers la fin de cette heure qui précède immédiatement le point du jour, un homme déboucha de la rue Saint-Antoine en courant, traversa la place, tourna le grand enclos de la colonne de Juillet, et se glissa entre les palissades jusque sous le ventre de l'éléphant. Si une lumière quelconque eût éclairé cet homme, à la manière profonde dont il était mouillé, on eût deviné qu'il avait passé la nuit sous la pluie. Arrivé sous l'éléphant, il fit entendre un cri bizarre qui n'appartient à aucune langue humaine et qu'une perruche seule pourrait reproduire. Il répéta deux fois ce cri dont l'orthographe que voici donne à peine quelque idée :

— Kirikikiou!

Au second cri, une voix claire, gaie et jeune, répondit du ventre de l'éléphant :

— Oui!

Presque immédiatement, la planche qui fermait le trou se dérangea et donna passage à un enfant qui descendit le long du pied de l'éléphant et vint lestement tomber près de l'homme. C'était Gavroche. L'homme était Montparnasse.

Quant à ce cri, *kirikikiou*, c'était là sans doute ce que l'enfant voulait dire par : *Tu demanderas monsieur Gavroche.*

En l'entendant, il s'était réveillé en sursaut, avait rampé hors de son « alcôve, » en écartant un peu le grillage qu'il avait ensuite refermé soigneusement, puis il avait ouvert la trappe et était descendu.

L'homme et l'enfant se reconnurent silencieusement dans la nuit; Montparnasse se borna à dire :

— Nous avons besoin de toi. Viens nous donner un coup de main.

Le gamin ne demanda pas d'autre éclaircissement.

— Me v'là, dit-il.

Et tous deux se dirigèrent vers la rue Saint-Antoine d'où sortait Montparnasse, serpentant rapidement à travers la longue file des charrettes de maraîchers qui descendent à cette heure-là vers la halle.

Les maraîchers, accroupis dans leurs voitures parmi les salades et les légumes, à demi assoupis, enfouis jusqu'aux yeux dans leurs roulières à cause de la pluie battante, ne regardaient même pas ces étranges passants.

III

LES PÉRIPÉTIES DE L'ÉVASION

Voici ce qui avait eu lieu cette même nuit à la Force :

Une évasion avait été concertée entre Babet, Brujon, Gueulemer et Thénardier, quoique Thénardier fût au secret. Babet avait fait l'affaire pour son compte, le jour même, comme on a vu d'après le récit de Montparnasse à Gavroche. Montparnasse devait les aider du dehors.

Brujon, ayant passé un mois dans une chambre

de punition, avait eu le temps, premièrement, d'y tresser une corde, deuxièmement, d'y mûrir un plan. Autrefois ces lieux sévères où la discipline de la prison livre le condamné à lui-même, se composaient de quatre murs de pierre, d'un plafond de pierre, d'un pavé de dalles, d'un lit de camp, d'une lucarne grillée, d'une porte doublée de fer, et s'appelaient *cachots;* mais le cachot a été jugé trop horrible; maintenant cela se compose d'une porte de fer, d'une lucarne grillée, d'un lit de camp, d'un pavé de dalles, d'un plafond de pierre, de quatre murs de pierre, et cela s'appelle *chambre de punition.* Il y fait un peu jour vers midi. L'inconvénient de ces chambres qui, comme on voit, ne sont pas des cachots, c'est de laisser songer des êtres qu'il faudrait faire travailler.

Brujon donc avait songé, et il était sorti de la chambre de punition avec une corde. Comme on le réputait fort dangereux dans la cour Charlemagne, on le mit dans le Bâtiment-Neuf. La première chose qu'il trouva dans le Bâtiment-Neuf, ce fut Gueulemer, la seconde, ce fut un clou; Gueulemer, c'est-à-dire le crime, un clou, c'est-à-dire la liberté.

Brujon, dont il est temps de se faire une idée
complète, était, avec une apparence de complexion
délicate et une langueur profondément préméditée,
un gaillard poli, intelligent et voleur qui avait le
regard caressant et le sourire atroce. Son regard
résultait de sa volonté et son sourire résultait de sa
nature. Ses premières études dans son art s'étaient
dirigées vers les toits; il avait fait faire de grands
progrès à l'industrie des arracheurs de plomb qui
dépouillent les toitures et dépiautent les gouttières
par le procédé dit : *au gras-double.*

Ce qui achevait de rendre l'instant favorable pour
une tentative d'évasion, c'est que les couvreurs re-
maniaient et rejointoyaient, en ce moment-là même,
une partie des ardoises de la prison. La cour Saint-
Bernard n'était plus absolument isolée de la cour
Charlemagne et de la cour Saint-Louis. Il y avait
par là-haut des échafaudages et des échelles; en
d'autres termes, des ponts et des escaliers du côté
de la délivrance.

Le Bâtiment-Neuf, qui était tout ce qu'on pouvait voir au monde de plus lézardé et de plus dé-
crépit, était le point faible de la prison. Les murs
en étaient à ce point rongés par le salpêtre qu'on

avait été obligé de revêtir d'un parement de bois les voûtes des dortoirs, parce qu'il s'en détachait des pierres qui tombaient sur les prisonniers dans leurs lits. Malgré cette vétusté, on faisait la faute d'enfermer dans le Bâtiment-Neuf les accusés les plus inquiétants, d'y mettre « les fortes causes, » comme on dit en langage de prison.

Le Bâtiment-Neuf contenait quatre dortoirs superposés et un comble qu'on appelait le Bel-Air. Un large tuyau de cheminée, probablement de quelque ancienne cuisine des ducs de La Force, partait du rez-de-chaussée, traversait les quatre étages, coupait en deux tous les dortoirs où il figurait une façon de pilier aplati, et allait trouer le toit.

Gueulemer et Brujon étaient dans le même dortoir. On les avait mis par précaution dans l'étage d'en bas. Le hasard faisait que la tête de leurs lits s'appuyait au tuyau de la cheminée.

Thénardier se trouvait précisément au-dessus de leur tête dans ce comble qualifié le Bel-Air.

Le passant qui s'arrête rue Culture-Sainte-Catherine, après la caserne des pompiers, devant la porte cochère de la maison des bains, voit une cour pleine de fleurs et d'arbustes en caisses, au fond de laquelle se développe, avec deux ailes, une petite rotonde blanche égayée par des contrevents verts, le rêve bucolique de Jean-Jacques. Il n'y a pas plus de dix ans, au-dessus de cette rotonde s'élevait un mur noir, énorme, affreux, nu, auquel elle était adossée. C'était le mur du chemin de ronde de la Force.

Ce mur derrière cette rotonde, c'était Milton entrevu derrière Berquin.

Si haut qu'il fût, ce mur était dépassé par un toit plus noir encore qu'on apercevait au delà. C'était le toit du Bâtiment-Neuf. On y remarquait quatre lucarnes-mansardes armées de barreaux, c'étaient les fenêtres du Bel-Air. Une cheminée perçait le toit; c'était la cheminée qui traversait les dortoirs.

Le Bel-Air, ce comble du Bâtiment-Neuf, était une espèce de grande halle mansardée, fermée de triples grilles et de portes doublées de tôle que constellaient des clous démesurés. Quand on y entrait par l'extrémité nord, on avait à sa gauche les quatre lucarnes, et à sa droite, faisant face aux lucarnes, quatre cages carrées assez vastes, espacées, séparées par des couloirs étroits, construites jusqu'à hauteur d'appui en maçonnerie et le reste jusqu'au toit en barreaux de fer.

Thénardier était au secret dans une de ces cages depuis la nuit du 3 février. On n'a jamais pu découvrir comment, et par quelle connivence, il avait réussi à s'y procurer et à y cacher une bouteille de ce vin inventé, dit-on, par Desrues, auquel se mêle un narcotique et que la bande des *Endormeurs* a rendu célèbre.

Il y a dans beaucoup de prisons des employés traîtres, mi-partis geôliers et voleurs, qui aident aux évasions, qui vendent à la police une domesticité infidèle, et qui font danser l'anse du panier à salade.

Dans cette même nuit donc, où le petit Gavroche avait recueilli les deux enfants errants, Brujon et Gueulemer, qui savaient que Babet, évadé le matin même, les attendait dans la rue ainsi que Montparnasse, se levèrent doucement et se mirent à percer avec le clou que Brujon avait trouvé le tuyau de cheminée auquel leurs lits touchaient. Les gravois tombaient sur le lit de Brujon, de sorte qu'on ne les entendait pas. Les giboulées mêlées de tonnerre ébranlaient les portes sur leurs gonds et faisaient dans la prison un vacarme affreux et utile. Ceux des prisonniers qui se réveillèrent firent semblant de se rendormir et laissèrent faire Gueulemer et Brujon. Brujon était adroit; Gueulemer était vigoureux. Avant qu'aucun bruit fût parvenu au surveillant couché dans la cellule grillée qui avait jour sur le dortoir, le mur était percé, la cheminée escaladée, le treillis de fer qui fermait l'orifice supérieur du tuyau forcé, et les deux redoutables bandits sur le toit. La pluie et le vent redoublaient, le toit glissait.

— Quelle bonne sorgue pour une crampe (*)! dit Brujon.

Un abîme de six pieds de large et de quatre-vingts pieds de profondeur les séparait du mur de ronde. Au fond de cet abîme ils voyaient reluire dans l'obscurité le fusil d'un factionnaire. Ils attachèrent par un bout aux tronçons des barreaux de la cheminée qu'ils venaient de tordre la corde que Brujon avait filée dans son cachot, lancèrent l'autre bout par-dessus le mur de ronde, franchirent d'un bond l'abîme, se cramponnèrent au chevron

(*, Quelle bonne nuit pour une évasion!

du mur, l'enjambèrent, se laissèrent glisser l'un après l'autre le long de la corde sur un petit toit qui touche à la maison des bains, ramenèrent leur corde à eux, sautèrent dans la cour des bains, la traversèrent, poussèrent le vasistas du portier, auprès duquel pendait son cordon, tirèrent le cordon, ouvrirent la porte cochère, et se trouvèrent dans la rue.

Il n'y avait pas trois quarts d'heure qu'ils s'étaient levés debout sur leurs lits dans les ténèbres, leur clou à la main, leur projet dans la tête.

Quelques instants après ils avaient rejoint Babet et Montparnasse qui rôdaient dans les environs.

En tirant la corde à eux, ils l'avaient cassée, et il en était resté un morceau attaché à la cheminée sur le toit. Ils n'avaient du reste d'autre avarie que de s'être à peu près entièrement enlevé la peau des mains.

Cette nuit-là, Thénardier était prévenu, sans qu'on ait pu éclaircir de quelle façon, et ne dormait pas.

Vers une heure du matin, la nuit étant très-noire, il vit passer sur le toit, dans la pluie et dans la bourrasque, devant la lucarne qui était vis-à-vis de sa cage, deux ombres. L'une s'arrêta à la lucarne le temps d'un regard. C'était Brujon. Thénardier le reconnut, et comprit. Cela lui suffit.

Thénardier, signalé comme escarpe et détenu sous prévention de guet-apens nocturne à main armée, était gardé à vue. Un factionnaire, qu'on relevait de deux heures en deux heures, se promenait le fusil chargé devant sa cage. Le Bel-Air était éclairé par une applique. Le prisonnier avait aux pieds une paire de fers du poids de cinquante livres. Tous les jours à quatre heures de l'après-midi, un gardien escorté de deux dogues, — cela se faisait encore ainsi à cette époque, — entrait dans sa cage, déposait près de son lit un pain noir de deux livres, une cruche d'eau et une écuelle pleine d'un bouillon assez maigre où nageaient quelques gourganes, visitait ses fers et frappait sur les barreaux. Cet homme avec ses dogues revenait deux fois dans la nuit.

Thénardier avait obtenu la permission de conserver une espèce de cheville en fer dont il se servait pour clouer son pain dans une fente de la muraille, « afin, disait-il, de le préserver des rats. » Comme on gardait Thénardier à vue, on n'avait point trouvé d'inconvénient à cette cheville. Cependant on se souvint plus tard qu'un gardien avait dit : — Il vaudrait mieux ne lui laisser qu'une cheville en bois.

A deux heures du matin on vint changer le factionnaire qui était un vieux soldat, et on le remplaça par un conscrit. Quelques instants après, l'homme aux chiens fit sa visite, et s'en alla sans avoir rien remarqué, si ce n'est la trop grande jeunesse et « l'air paysan » du « tourlourou. » Deux heures après, à quatre heures, quand on vint relever le conscrit, on le trouva endormi et tombé à terre comme un bloc près de la cage de Thénardier. Quant à Thénardier, il n'y était plus. Ses fers brisés étaient sur le carreau. Il y avait un trou au plafond de sa cage et au-dessus, un autre trou dans le toit. Une planche de son lit avait été arrachée et sans doute emportée, car on ne la retrouva point. On saisit aussi dans la cellule une bouteille à moitié vidée qui contenait le reste du vin stupéfiant avec lequel le soldat avait été endormi. La baïonnette du soldat avait disparu.

Au moment où ceci fut découvert, on crut Thénardier hors de toute atteinte. La réalité est qu'il n'était plus dans le Bâtiment-Neuf, mais qu'il était encore fort en danger.

Thénardier, en arrivant sur le toit du Bâtiment-Neuf, avait trouvé le reste de la corde de Brujon qui pendait aux barreaux de la trappe supérieure de la cheminée, mais ce bout cassé étant beaucoup trop court, il n'avait pu s'évader par-dessus le chemin de ronde comme avaient fait Brujon et Gueulemer.

Quand on détourne de la rue des Ballets dans la rue du Roi-de-Sicile, on rencontre presque tout de suite à droite un enfoncement sordide. Il y avait là au siècle dernier une maison dont il ne reste plus que le mur de fond, véritable mur de masure qui s'élève à la hauteur d'un troisième étage entre les bâtiments voisins. Cette ruine est reconnaissable à deux grandes fenêtres carrées qu'on y voit encore; celle du milieu, la plus proche du pignon de droite, est barrée d'une solive vermoulue ajustée en chevron d'étai. A travers ces fenêtres on distinguait autrefois une haute muraille lugubre qui était un morceau de l'enceinte du chemin de ronde de la Force.

Le vide que la maison démolie a laissé sur la rue est à moitié rempli par une palissade en planches pourries contre-butée de cinq bornes de pierre. Dans cette clôture se cache une petite baraque appuyée à la ruine restée debout. La palissade a une porte qui, il y a quelques années, n'était fermée que d'un loquet.

C'est sur la crête de cette ruine que Thénardier était parvenu un peu après trois heures du matin.

Comment était-il arrivé là? C'est ce qu'on n'a jamais pu expliquer ni comprendre. Les éclairs avaient dû tout ensemble le gêner et l'aider. S'était-il servi des échelles et des échafaudages des couvreurs pour gagner de toit en toit, de clôture en clôture, de compartiment en compartiment, les bâtiments de la cour Charlemagne, puis les bâtiments de la cour Saint-Louis, le mur de ronde, et de là la masure sur la rue du Roi-de-Sicile? Mais il y avait dans ce trajet des solutions de continuité qui semblaient le rendre impossible. Avait-il posé la planche de son lit comme un pont du toit du Bel-Air au mur du chemin de ronde, et s'était-il mis à ramper à plat ventre sur le chevron du mur de ronde tout autour de la prison jusqu'à la masure? Mais le mur du chemin de ronde de la

Force dessinait une ligne crénelée et inégale, il montait et descendait, il s'abaissait à la caserne des pompiers, il se relevait à la maison des bains, il était coupé par des constructions, il n'avait pas la même hauteur sur l'hôtel Lamoignon que sur la rue Pavée, il avait partout des chutes et des angles droits; et puis les sentinelles auraient dû voir la sombre silhouette du fugitif; de cette façon encore le chemin fait par Thénardier reste à peu près inexplicable. Des deux manières, fuite impossible. Thénardier, illuminé par cette effrayante soif de la liberté qui change les précipices en fossés, les grilles de fer en claies d'osier, un cul-de-jatte en athlète, un podagre en oiseau, la stupidité en instinct, l'instinct en intelligence, et l'intelligence en génie, Thénardier avait-il inventé et improvisé une troisième manière? On ne l'a jamais su.

On ne peut pas toujours se rendre compte des merveilles de l'évasion. L'homme qui s'échappe, répétons-le, est un inspiré; il y a de l'étoile et de l'éclair dans la mystérieuse lueur de la fuite; l'effort vers la délivrance n'est pas moins surprenant que le coup d'aile vers le sublime; et l'on dit d'un voleur évadé : Comment a-t-il fait pour escalader ce toit? de même qu'on dit de Corneille : Où a-t-il trouvé *qu'il mourût?*

Quoi qu'il en soit, ruisselant de sueur, trempé par la pluie, les vêtements en lambeaux, les mains écorchées, les coudes en sang, les genoux déchirés, Thénardier était arrivé sur ce que les enfants, dans leur langue figurée, appellent *le coupant* du mur de la ruine, il s'y était couché tout de son long, et là, la force lui avait manqué. Un escarpement à pic de la hauteur d'un troisième étage le séparait du pavé de la rue.

La corde qu'il avait était trop courte.

Il attendait là, pâle, épuisé, désespéré de tout l'espoir qu'il avait eu, encore couvert par la nuit, mais se disant que le jour allait venir, épouvanté de l'idée d'entendre avant quelques instants sonner à l'horloge voisine de Saint-Paul quatre heures, heure où l'on viendrait relever la sentinelle et où on la trouverait endormie sous le toit percé, regardant avec stupeur, à une profondeur terrible, à la lueur des réverbères, le pavé mouillé et noir, ce pavé désiré et effroyable qui était la mort et qui était la liberté.

Il se demandait si ses trois complices d'évasion

avaient réussi, s'ils l'avaient entendu, et s'ils viendraient à son aide. Il écoutait. Excepté une patrouille, personne n'avait passé dans la rue depuis qu'il était là. Presque toute la descente des maraîchers de Montreuil, de Charonne, de Vincennes et de Bercy à la halle se fait par la rue Saint-Antoine.

Quatre heures sonnèrent. Thénardier tressaillit. Peu d'instants après, cette rumeur effarée et confuse qui suit une évasion découverte éclata dans la prison. Le bruit des portes qu'on ouvre et qu'on ferme, le grincement des grilles sur leurs gonds, le tumulte du corps de garde, les appels rauques des guichetiers, le choc des crosses de fusil sur le pavé des cours, arrivaient jusqu'à lui. Des lumières montaient et descendaient aux fenêtres grillées des dortoirs, une torche courait sur le comble du Bâtiment-Neuf, les pompiers de la caserne d'à côté avaient été appelés. Leurs casques, que la torche éclairait dans la pluie, allaient et venaient le long des toits. En même temps Thénardier voyait du côté de la Bastille une nuance blafarde blanchir lugubrement le bas du ciel.

Lui était sur le haut d'un mur de dix pouces de large, étendu sous l'averse, avec deux gouffres à droite et à gauche, ne pouvant bouger, en proie au vertige d'une chute possible et à l'horreur d'une arrestation certaine, et sa pensée, comme le battant d'une cloche, allait de l'une de ces idées à l'autre : — Mort si je tombe, pris si je reste.

Dans cette angoisse, il vit tout à coup, la rue étant encore tout à fait obscure, un homme qui se glissait le long des murailles et qui venait du côté de la rue Pavée s'arrêter dans le renfoncement au-dessus duquel Thénardier était comme suspendu. Cet homme fut rejoint par un second qui marchait avec la même précaution, puis par un troisième, puis par un quatrième. Quand ces hommes furent réunis, l'un d'eux souleva le loquet de la porte de la palissade, et ils entrèrent tous quatre dans l'enceinte où est la baraque. Ils se trouvaient précisément au-dessous de Thénardier. Ces hommes avaient évidemment choisi ce renfoncement pour pouvoir causer sans être vus des passants ni de la sentinelle qui garde le guichet de la Force à quelques pas de là. Il faut dire aussi que la pluie tenait cette sentinelle bloquée dans sa guérite. Thénardier, ne pouvant distinguer leurs visages, prêta l'oreille à leurs paroles avec l'atten-

LES PÉRIPÉTIES DE L'ÉVASION.

tion désespérée d'un misérable qui se sent perdu.

Thénardier vit passer devant ses yeux quelque chose qui ressemblait à l'espérance, ces hommes parlaient argot.

Le premier disait bas, mais distinctement :

— Décarrons. Qu'est-ce que nous maquillons icigo (*) ?

Le second répondit :

— Il lansquine à éteindre le riffe du rabouin. Et puis les coqueurs vont passer, il y a là un grivier qui porte gaffe, nous allons nous faire emballer icicaille (**) ?

Ces deux mots, *icigo* et *icicaille*, qui tous deux veulent dire *ici*, et qui appartiennent, le premier à l'argot des barrières, le second à l'argot du Temple, furent des traits de lumière pour Thénardier. A icigo il reconnut Brujon, qui était rôdeur de barrières, et à icicaille Babet, qui, parmi tous ses métiers, avait été revendeur au Temple.

(*) Allons-nous-en. Qu'est-ce que nous faisons ici ?

(**) Il pleut à éteindre le feu du diable. Et puis les gens de police vont passer. Il y a là un soldat qui fait sentinelle. Nous allons nous faire arrêter ici.

L'antique argot du grand siècle ne se parle plus qu'au Temple, et Babet était le seul même qui le parlât bien purement. Sans *icicaille*, Thénardier ne l'aurait point reconnu, car il avait tout à fait dénaturé sa voix.

Cependant le troisième était intervenu :

— Rien ne presse encore, attendons un peu. Qu'est-ce qui nous dit qu'il n'a pas besoin de nous ?

A ceci, qui n'était que du français, Thénardier reconnut Montparnasse, lequel mettait son élégance à entendre tous les argots et à n'en parler aucun.

Quant au quatrième, il se taisait, mais ses vastes épaules le dénonçaient. Thénardier n'hésita pas. C'était Gueulemer.

Brujon répliqua presque impétueusement, mais toujours à voix basse :

— Qu'est-ce que tu nous bonnis là ! Le tapissier n'aura pu tirer sa crampe. Il ne sait pas le truc, quoi ! Bouliner sa limace et faucher ses empaffes pour maquiller une tortouse, caler des boulins aux lourdes, braser des faffes, maquiller des caroubles, faucher les durs, balancer sa tortouse

dehors, se planquer, se camoufler, il faut être
mariol ! Le vieux n'aura pas pu, il ne sait pas goupiner. (*) !

Babet ajouta, toujours dans ce sage argot classique que parlaient Poulailler et Cartouche, et qui
est à l'argot hardi, nouveau, coloré et risqué dont
usait Brujon ce que la langue de Racine est à la
langue d'André Chénier :

— Ton orgue tapissier aura été fait marron dans
l'escalier. Il faut être arcasien. C'est un galifard.
Il se sera laissé jouer l'harnache par un roussin,
peut-être même par un roussi, qui lui aura battu
comtois. Prête l'oche, Montparnasse, entends-tu
ces criblements dans le collége ? Tu as vu toutes
ces camoufles. Il est tombé, va ! Il en sera quitte
pour tirer ses vingt longes. Je n'ai pas taf, je ne
suis pas un taffeur, c'est colombé, mais il n'y a

(*) Qu'est-ce que tu nous dis là ! L'aubergiste n'a pas pu
s'évader. Il ne sait pas le métier, quoi ! Déchirer sa chemise et
couper ses draps de lit pour faire une corde, faire des trous
aux portes, fabriquer des faux papiers, faire des fausses clefs,
couper ses fers, suspendre sa corde dehors, se cacher, se déguiser, il faut être malin ! Le vieux n'aura pas pu, il ne sait
pas travailler.

plus qu'à faire les lézards, ou autrement on nous la fera gambiller. Ne renaude pas, viens avec nousiergue. Allons picter une rouillarde encible (*).

— On ne laisse pas les amis dans l'embarras, grommela Montparnasse.

— Je te bonnis qu'il est malade, reprit Brujon ! A l'heure qui toque, le tapissier ne vaut pas une broque ! Nous n'y pouvons rien. Décarrons. Je crois à tout moment qu'un cogne me cintre en pogne (**) !

Montparnasse ne résistait plus que faiblement ; le fait est que ces quatre hommes, avec cette fidé-

---

(*) Ton aubergiste aura été pris sur le fait. Il faut être malin. C'est un apprenti Il se sera laissé duper par un mouchard, peut-être même par un mouton, qui aura fait le compère. Écoute, Montparnasse, entends-tu ces cris dans la prison ? Tu as vu toutes ces chandelles. Il est repris, va ! Il en sera quitte pour faire ses vingt ans. Je n'ai pas peur, je ne suis pas un po'tron, c'est connu, mais il n'y a plus rien à faire, ou autrement on nous la fera danser. Ne te fâche pas, viens avec nous, allons boire une bouteille de vieux vin ensemble.

(**) Je te dis qu'il est repris A l'heure qu'il est, l'aubergiste ne vaut pas un hard. Nous n'y pouvons rien. Allons-nous-en. Je crois à tout moment qu'un sergent de ville me tient dans sa main.

lité qu'ont les bandits de ne jamais s'abandonner entre eux, avaient rôdé toute la nuit autour de la Force, quel que fût le péril, dans l'espérance de voir surgir au haut de quelque muraille Thénardier. Mais la nuit qui devenait vraiment trop belle, c'était une averse à rendre toutes les rues désertes, le froid qui les gagnait, leurs vêtements trempés, leurs chaussures percées, le bruit inquiétant qui venait d'éclater dans la prison, les heures écoulées, les patrouilles rencontrées, l'espoir qui s'en allait, la peur qui revenait, tout cela les poussait à la retraite. Montparnasse lui-même, qui était peut-être un peu le gendre de Thénardier, cédait. Un moment de plus, ils étaient partis. Thénardier haletait sur son mur comme les naufragés de la *Méduse* sur leur radeau en voyant le navire apparu s'évanouir à l'horizon.

Il n'osait les appeler, un cri entendu pouvait tout perdre, il eut une idée, une dernière, une lueur; il prit dans sa poche le bout de la corde de Brujon qu'il avait détaché de la cheminée du Bâtiment-Neuf, et le jeta dans l'enceinte de la palissade.

Cette corde tomba à leurs pieds.

— Une veuve (*)! dit Babet.

— Ma tortouse (**)! dit Brujon.

— L'aubergiste est là, dit Montparnasse.

Ils levèrent les yeux. Thénardier avança un peu la tête.

— Vite! dit Montparnasse, as-tu l'autre bout de la corde, Brujon?

— Oui.

— Noue les deux bouts ensemble, nous lui jetterons la corde, il la fixera au mur, il en aura assez pour descendre.

Thénardier se risqua à élever la voix :

— Je suis transi.

— On te réchauffera.

— Je ne puis plus bouger.

— Tu te laisseras glisser, nous te recevrons.

— J'ai les mains gourdes.

— Noue seulement la corde au mur.

— Je ne pourrai pas.

— Il faut que l'un de nous monte, dit Montparnasse.

(*) Une corde (argot du Temple).
(**) Ma corde (argot des barrières).

— Trois étages! fit Brujon.

Un ancien conduit en plâtre, lequel avait servi à un poêle qu'on allumait jadis dans la baraque, rampait le long du mur et montait presque jusqu'à l'endroit où l'on apercevait Thénardier. Ce tuyau, alors fort lézardé et tout crevassé, est tombé depuis, mais on en voit encore les traces. Il était fort étroit.

— On pourrait monter par là, fit Montparnasse.

— Par ce tuyau? s'écria Babet, un orgue (*) jamais! il faudrait un mion (**).

— Il faudrait un môme (***), reprit Brujon.

— Où trouver un moucheron? dit Gueulemer.

— Attendez, dit Montparnasse. J'ai l'affaire.

Il entr'ouvrit doucement la porte de la palissade, s'assura qu'aucun passant ne traversait la rue, sortit avec précaution, referma la porte derrière lui, et partit en courant dans la direction de la Bastille.

Sept ou huit minutes s'écoulèrent, huit mille siècles, pour Thénardier; Babet, Brujon et Gueule-

---

(*) Un homme.
(**) Un enfant (argot du Temple).
(***) Un enfant (argot des barrières).

mer ne desserraient pas les dents ; la porte se rouvrit enfin, et Montparnasse parut, essoufflé, et amenant Gavroche. La pluie continuait de faire la rue complétement déserte.

Le petit Gavroche entra dans l'enceinte et regarda ces figures de bandits d'un air tranquille. L'eau lui dégouttait des cheveux. Gueulemer lui adressa la parole :

— Mioche, es-tu un homme?

Gavroche haussa les épaules et répondit :

— Un môme comme mézig est un orgue et des orgues comme vousailles sont des mômes (*).

— Comme le mion joue du crachoir! s'écria Babet (**).

— Le môme pantinois n'est pas maquillé de fertille lansquinée (***), ajouta Brujon.

— Qu'est-ce qu'il vous faut? dit Gavroche.

Montparnasse répondit :

— Grimper par ce tuyau.

(*) Un enfant comme moi est un homme et des hommes comme vous sont des enfants.

(**) Comme l'enfant a la langue bien pendue!

(***) L'enfant de Paris n'est pas fait en paille mouillée.

— Avec cette veuve (*), fit Babet.

— Et ligoter la tortouse (**), continua Brujon.

— Au monté du montant (***), reprit Babet.

— Au pieu de la vanterne (****), ajouta Brujon.

— Et puis? dit Gavroche.

— Voilà! dit Gueulemer.

Le gamin examina la corde, le tuyau, le mur, les fenêtres, et fit cet inexprimable et dédaigneux bruit des lèvres qui signifie :

— Que ça!

— Il y a un homme là-haut que tu sauveras, reprit Montparnasse.

— Veux-tu? reprit Brujon.

— Serin! répondit l'enfant comme si la question lui paraissait inouïe; et il ôta ses souliers.

Gueulemer saisit Gavroche d'un bras, le posa sur le toit de la baraque, dont les planches vermoulues pliaient sous le poids de l'enfant, et lui remit la corde que Brujon avait renouée pendant

---

(*) Cette corde.
(**) Attacher la corde.
(***) Au haut du mur.
(****) A la traverse de la fenêtre.

l'absence de Montparnasse. Le gamin se dirigea vers le tuyau où il était facile d'entrer grâce à une large crevasse qui touchait au toit. Au moment où il allait monter, Thénardier, qui voyait le salut et la vie s'approcher, se pencha au bord du mur; la première lueur du jour blanchissait son front inondé de sueur, ses pommettes livides, son nez effilé et sauvage, sa barbe grise toute hérissée, et Gavroche le reconnut :

— Tiens! dit-il, c'est mon père!... Oh! cela n'empêche pas.

Et prenant la corde dans ses dents, il commença résolûment l'escalade.

Il parvint au haut de la masure, enfourcha le vieux mur comme un cheval, et noua solidement la corde à la traverse supérieure de la fenêtre.

Un moment après, Thénardier était dans la rue.

Dès qu'il eut touché le pavé, dès qu'il se sentit hors de danger, il ne fut plus ni fatigué, ni transi, ni tremblant; les choses terribles dont il sortait s'évanouirent comme une fumée, toute cette étrange et féroce intelligence se réveilla, et se trouva debout et libre, prête à marcher devant elle. Voici quel fut le premier mot de cet homme :

— Maintenant, qui allons-nous manger ?

Il est inutile d'expliquer le sens de ce mot affreusement transparent qui signifie tout à la fois tuer, assassiner et dévaliser. *Manger,* sens vrai : *dévorer.*

— Rencognons-nous bien, dit Brujon. Finissons en trois mots, et nous nous séparerons tout de suite. Il y avait une affaire qui avait l'air bonne rue Plumet, une rue déserte, une maison isolée, une vieille grille pourrie sur un jardin, des femmes seules.

— Eh bien! pourquoi pas? demanda Thénardier.

— Ta fée (*), Éponine, a été voir la chose, répondit Babet.

— Et elle a apporté un biscuit à Magnon, ajouta Gueulemer. Rien à maquiller là (**).

— La fée n'est pas loffe (***), fit Thénardier. Pourtant il faudra voir.

— Oui, oui, dit Brujon, il faudra voir.

(*) Ta fille.
(**) Rien à faire là.
(***) Bête.

Cependant aucun de ces hommes n'avait plus l'air de voir Gavroche qui, pendant ce colloque, s'était assis sur une des bornes de la palissade ; il attendit quelques instants, peut-être que son père se tournât vers lui, puis il remit ses souliers, et dit :

— C'est fini ? vous n'avez plus besoin de moi, les hommes ? vous voilà tirés d'affaire. Je m'en vas. Il faut que j'aille lever mes mômes.

Et il s'en alla.

Les cinq hommes sortirent l'un après l'autre de la palissade.

Quand Gavroche eut disparu au tournant de la rue des Ballets, Babet prit Thénardier à part.

— As-tu regardé ce mion ? lui demanda-t-il.

— Quel mion ?

— Le mion qui a grimpé au mur et t'a porté la corde.

— Pas trop.

— Eh bien, je ne sais pas, mais il me semble que c'est ton fils.

— Bah ! dit Thénardier, crois-tu ?

LIVRE SEPTIÈME

L'ARGOT

I

ORIGINE

Pigritia est un mot terrible.

Il engendre un monde, *la pègre,* lisez *le vol*, et un enfer, *la pégrenne,* lisez *la faim*.

Ainsi la paresse est mère.

Elle a un fils, le vol, et une fille, la faim.

Où sommes-nous en ce moment? Dans l'argot.

Qu'est-ce que l'argot? C'est tout à la fois la nation et l'idiome ; c'est le vol sous ses deux espèces : peuple et langue.

Lorsqu'il y a trente-quatre ans le narrateur de cette grave et sombre histoire introduisait au milieu d'un ouvrage écrit dans le même but que celui-ci (*) un voleur parlant argot, il y eut ébahissement et clameur. — Quoi ! comment ! l'argot ! Mais l'argot est affreux ! mais c'est la langue des chiourmes, des bagnes, des prisons, de tout ce que la société a de plus abominable ! etc., etc., etc.

Nous n'avons jamais compris ce genre d'objections.

Depuis, deux puissants romanciers, dont l'un est un profond observateur du cœur humain, l'autre un intrépide ami du peuple, Balzac et Eugène Süe, ayant fait parler des bandits dans leur langue naturelle comme l'avait fait en 1828 l'auteur du *Dernier jour d'un condamné*, les mêmes réclamations se sont élevées. On a répété : — Que nous veulent les écrivains avec ce révoltant patois? L'argot est odieux ! l'argot fait frémir !

Qui le nie? Sans doute.

(*) *Le dernier jour d'un condamné.*

Lorsqu'il s'agit de sonder une plaie, un gouffre ou une société, depuis quand est-ce un tort de descendre trop avant, d'aller au fond? Nous avions toujours pensé que c'était quelquefois un acte de courage, et tout au moins une action simple et utile, digne de l'attention sympathique que mérite le devoir accepté et accompli. Ne pas tout explorer, ne pas tout étudier, s'arrêter en chemin, pourquoi? S'arrêter est le fait de la sonde et non du sondeur.

Certes, aller chercher dans les bas-fonds de l'ordre social, là où la terre finit et où la boue commence, fouiller dans ces vagues épaisses, poursuivre, saisir et jeter tout palpitant sur le pavé cet idiome abject qui ruisselle de fange ainsi tiré au jour, ce vocabulaire pustuleux dont chaque mot semble un anneau immonde d'un monstre de la vase et des ténèbres, ce n'est ni une tâche attrayante ni une tâche aisée. Rien n'est plus lugubre que de contempler ainsi à nu, à la lumière de la pensée, le fourmillement effroyable de l'argot. Il semble en effet que ce soit une sorte d'horrible bête faite pour la nuit qu'on vient d'arracher de son cloaque. On croit voir une affreuse broussaille vivante et hérissée qui tressaille, se meut, s'agite, redemande l'ombre, menace et regarde. Tel mot ressemble à une griffe, tel autre à un œil éteint et sanglant; telle phrase semble remuer comme une pince de crabe. Tout cela vit de cette vitalité hideuse des choses qui se sont organisées dans la désorganisation.

Maintenant, depuis quand l'horreur exclut-elle l'étude? depuis quand la maladie chasse-t-elle le médecin? Se figure-t-on un naturaliste qui refuserait d'étudier la vipère, la chauve-souris, le scorpion, la scolopendre, la tarentule, et qui les rejetterait dans leurs ténèbres en disant : Oh! que c'est laid! Le penseur qui se détournerait de l'argot ressemblerait à un chirurgien qui se détournerait d'un ulcère ou d'une verrue. Ce serait un philologue hésitant à examiner un fait de la langue, un philosophe hésitant à scruter un fait de l'humanité. Car, il faut bien le dire à ceux qui l'ignorent, l'argot est tout ensemble un phénomène littéraire et un résultat social. Qu'est-ce que l'argot proprement dit? L'argot est la langue de la misère.

Ici on peut nous arrêter; on peut généraliser le fait, ce qui est quelquefois une manière de l'atténuer; on peut nous dire que tous les métiers, toutes les professions, on pourrait presque ajouter tous les accidents de la hiérarchie sociale et toutes les formes de l'intelligence, ont leur argot. Le marchand qui dit : *Montpellier disponible, Marseille belle qualité,* l'agent de change qui dit : *report, prime fin courant,* le joueur qui dit : *tiers et tout, refait de pique,* l'huissier des îles normandes qui dit : *l'affieffeur s'arrêtant à son fonds ne peut clâmer les fruits de ce fonds pendant la saisie héréditale des immeubles du renonciateur,* le vaudevilliste qui dit : *on a égayé l'ours* (*), le comédien qui dit : *j'ai fait four,* le philosophe qui dit : *triplicité phénoménale,* le chasseur qui dit : *voileci allais, voileci fuyant,* le phrénologue qui dit : *amativité, combativité, sécrétivité,* le fantassin qui dit : *ma clarinette,* le cavalier qui dit : *mon poulet d'Inde,* le maître d'armes qui dit : *tierce, quarte, rompez,* l'imprimeur qui dit : *parlons batio,* tous, imprimeur, maître d'armes, cavalier, fantassin, phrénologue, chasseur, philosophe, comédien, vaudevilliste, huissier, joueur, agent de change,

(*) On a sifflé la pièce.

marchand, parlent argot. Le peintre qui dit : *mon rapin,* le notaire qui dit : *mon saute-ruisseau,* le perruquier qui dit : *mon commis,* le savetier qui dit : *mon gniaf,* parlent argot. A la rigueur, et si on le veut absolument, toutes ces façons diverses de dire la droite et la gauche, le matelot, *bâbord* et *tribord,* le machiniste, *côté-cour* et *côté-jardin,* le bedeau, *côté de l'Épître* et *côté de l'Évangile,* sont de l'argot. Il y a l'argot des mijaurées comme il y a eu l'argot des précieuses. L'hôtel de Rambouillet confinait quelque peu à la Cour des Miracles. Il y a l'argot des duchesses, témoin cette phrase écrite dans un billet doux par une très-grande dame et très-jolie femme de la restauration : « Vous trouverez dans ces potains-là une « foultitude de raisons pour que je me liber- « tise (*). » Les chiffres diplomatiques sont de l'argot ; la chancellerie pontificale, en disant 26 pour *Rome, grkztntgzyal* pour *envoi,* et *abfxustgrnogrkzu tu* xi pour *duc de Modène,* parle argot. Les médecins du moyen âge qui, pour dire

---

(*) Vous trouverez dans ces commérages-là une multitude de raisons pour que je prenne ma liberté.

carotte, radis et navet, disaient : *opoponach, perfroschinum, reptitalmus, dracatholicum angelorum, postmegorum*, parlaient argot. Le fabricant de sucre qui dit : — *Vergeoise, tête, claircé, tape, lumps, mélis, bâtarde, commun, brûlé, plaque;* — cet honnête manufacturier parle argot. Une certaine école de critique d'il y a vingt ans qui disait : — *La moitié de Shakspeare est jeux de mots et calembours,* — parlait argot. Le poëte et l'artiste qui, avec un sens profond, qualifieront M. de Montmorency « un bourgeois, » s'il ne se connaît pas en vers et en statues, parlent argot. L'académicien classique qui appelle les fleurs *Flore,* les fruits *Pomone,* la mer *Neptune,* l'amour *les feux,* la beauté *les appas,* un cheval *un coursier,* la cocarde blanche ou tricolore *la rose de Bellone,* le chapeau à trois cornes *le triangle de Mars,* l'académicien classique parle argot. L'algèbre, la médecine, la botanique, ont leur argot. La langue qu'on emploie à bord, cette admirable langue de la mer, si complète et si pittoresque, qu'ont parlée Jean Bart, Duquesne, Suffren et Duperré, qui se mêle au sifflement des agrès, au bruit des porte-voix, au choc des haches d'abordage, au roulis, au vent, à la rafale, au canon, est tout un argot héroïque et éclatant qui est au farouche argot de la pègre ce que le lion est au chacal.

Sans doute. Mais, quoi qu'on en puisse dire, cette façon de comprendre le mot argot est une extension, que tout le monde même n'admettra pas. Quant à nous, nous conservons à ce mot sa vieille acception précise, circonscrite et déterminée, et nous restreignons l'argot à l'argot. L'argot véritable, l'argot par excellence, si ces deux mots peuvent s'accoupler, l'immémorial argot qui était un royaume, n'est autre chose, nous le répétons, que la langue laide, inquiète, sournoise, traître, venimeuse, cruelle, louche, vile, profonde, fatale, de la misère. Il y a, à l'extrémité de tous les abaissements et de toutes les infortunes, une dernière misère qui se révolte et qui se décide à entrer en lutte contre l'ensemble des faits heureux et des droits régnants; lutte affreuse où, tantôt rusée, tantôt violente, à la fois malsaine et féroce, elle attaque l'ordre social à coups d'épingle par le vice et à coups de massue par le crime. Pour les besoins de cette lutte, la misère a inventé une langue de combat qui est l'argot.

Faire surnager et soutenir au-dessus de l'oubli, au-dessus du gouffre, ne fût-ce qu'un fragment d'une langue quelconque que l'homme a parlée et qui se perdrait, c'est-à-dire un des éléments, bons ou mauvais, dont la civilisation se compose ou se complique, c'est étendre les données de l'observation sociale ; c'est servir la civilisation même. Ce service, Plaute l'a rendu, le voulant ou ne le voulant pas, en faisant parler le phénicien à deux soldats carthaginois ; ce service, Molière l'a rendu, en faisant parler le levantin et toutes sortes de patois à tant de ses personnages. Ici les objections se raniment : le phénicien, à merveille ! le levantin, à la bonne heure ! même le patois, passe ! ce sont des langues qui ont appartenu à des nations ou à des provinces ; mais l'argot ? à quoi bon conserver l'argot ? à quoi bon « faire surnager » l'argot ?

A cela nous ne répondrons qu'un mot. Certes, si la langue qu'a parlée une nation ou une province est digne d'intérêt, il est une chose plus digne encore d'attention et d'étude, c'est la langue qu'a parlée une misère.

C'est la langue qu'a parlée en France, par exemple, depuis plus de quatre siècles, non-seulement une misère, mais la misère, toute la misère humaine possible.

Et puis, nous y insistons, étudier les difformités et les infirmités sociales et les signaler pour les guérir, ce n'est point une besogne où le choix soit permis. L'historien des mœurs et des idées n'a pas une mission moins austère que l'historien des événements. Celui-ci a la surface de la civilisation, les luttes des couronnes, les naissances de princes, les mariages de rois, les batailles, les assemblées, les grands hommes publics, les révolutions au soleil, tout le dehors; l'autre historien a l'intérieur, le fond, le peuple qui travaille, qui souffre et qui attend, la femme accablée, l'enfant qui agonise, les guerres sourdes d'homme à homme, les férocités obscures, les préjugés, les iniquités convenues, les contre-coups souterrains de la loi, les évolutions secrètes des âmes, les tressaillements indistincts des multitudes, les meurt-de-faim, les va-nu-pieds, les bras-nus, les déshérités, les orphelins, les malheureux et les infâmes, toutes les larves qui errent dans l'obscurité. Il faut qu'il descende le cœur plein de charité et de sévérité à la fois, comme un frère et comme un juge, jusqu'à ces casemates impénétrables où rampent pêle-mêle ceux qui saignent et ceux qui frappent, ceux qui pleurent et ceux qui maudissent, ceux qui jeûnent et ceux qui dévorent, ceux qui endurent le mal et ceux qui le font. Ces historiens des cœurs et des âmes ont-ils des devoirs moindres que les historiens des faits extérieurs? Croit-on qu'Alighieri ait moins de choses à dire que Machiavel? Le dessous de la civilisation, pour être plus profond et plus sombre, est-il moins important que le dessus? Connaît-on bien la montagne quand on ne connaît pas la caverne?

Disons-le du reste en passant, de quelques mots de ce qui précède on pourrait inférer entre les deux classes d'historiens une séparation tranchée qui n'existe pas dans notre esprit. Nul n'est bon historien de la vie patente, visible, éclatante et publique des peuples s'il n'est en même temps, dans une certaine mesure, historien de leur vie profonde et cachée; et nul n'est bon historien du dedans s'il ne sait être, toutes les fois que besoin est, historien du dehors. L'histoire des mœurs et des idées pénètre l'histoire des événements, et réciproquement. Ce sont deux ordres de faits différents qui se répondent, qui s'enchaînent toujours et s'engendrent souvent. Tous les linéaments que la providence trace à la surface d'une nation ont leurs parallèles sombres, mais distincts, dans le fond, et toutes les convulsions du fond produisent des soulèvements à la surface. La vraie histoire étant mêlée à tout, le véritable historien se mêle de tout.

L'homme n'est pas un cercle à un seul centre ; c'est une ellipse à deux foyers. Les faits sont l'un, les idées sont l'autre.

L'argot n'est autre chose qu'un vestiaire où la langue, ayant quelque mauvaise action à faire, se déguise. Elle s'y revêt de mots-masques et de métaphores-haillons.

De la sorte elle devient horrible.

On a peine à la reconnaître. Est-ce bien la langue française, la grande langue humaine? La voilà prête à entrer en scène et à donner au crime la réplique, et propre à tous les emplois du répertoire du mal. Elle ne marche plus, elle clopine ; elle boite sur la béquille de la Cour des Miracles, béquille métamorphosable en massue ; elle se nomme truanderie ; tous les spectres, ses habilleurs, l'ont grimée ; elle se traîne et se dresse, double allure du reptile. Elle est apte à tous les rôles désormais, faite louche par le faussaire, vert-de-grisée par l'empoisonneur, charbonnée de la suie de l'incendiaire; et le meurtrier lui met son rouge.

Quand on écoute, du côté des honnêtes gens, à la porte de la société, on surprend le dialogue de ceux qui sont dehors. On distingue des demandes et des réponses. On perçoit, sans le comprendre, un murmure hideux, sonnant presque comme l'accent humain, mais plus voisin du hurlement que de la parole. C'est l'argot. Les mots sont difformes, et empreints d'on ne sait quelle bestialité fantastique. On croit entendre des hydres parler.

C'est l'inintelligible dans le ténébreux. Cela grince et cela chuchote, complétant le crépuscule par l'énigme. Il fait noir dans le malheur, il fait plus noir encore dans le crime; ces deux noirceurs amalgamées composent l'argot. Obscurité dans l'atmosphère, obscurité dans les actes, obscurité dans les voix. Épouvantable langue crapaude qui va, vient, sautelle, rampe, bave, et se meut monstrueusement dans cette immense brume grise faite de pluie, de nuit, de faim, de vice, de mensonge, d'injustice, de nudité, d'asphyxie et d'hiver, plein midi des misérables.

Ayons compassion des châtiés. Hélas! qui sommes-nous nous-mêmes? qui suis-je, moi qui vous parle? qui êtes-vous, vous qui m'écoutez? d'où venons-nous? et est-il bien sûr que nous n'ayons rien fait avant d'être nés? La terre n'est point sans ressemblance avec une geôle. Qui sait si l'homme n'est pas un repris de justice divine?

Regardez la vie de près. Elle est ainsi faite qu'on y sent partout de la punition.

Êtes-vous ce qu'on appelle un heureux? Eh bien, vous êtes triste tous les jours. Chaque jour a son grand chagrin ou son petit souci. Hier, vous trembliez pour une santé qui vous est chère, aujourd'hui vous craignez pour la vôtre; demain ce sera une inquiétude d'argent, après-demain la diatribe d'un calomniateur, l'autre après-demain le malheur d'un ami; puis le temps qu'il fait, puis quelque chose de cassé ou de perdu, puis un plaisir que la conscience et la colonne vertébrale vous reprochent; une autre fois, la marche des affaires publiques. Sans compter les peines de cœur. Et ainsi de suite. Un nuage se dissipe, un autre se réforme. A peine un jour sur cent de pleine joie et de plein soleil. Et vous êtes de ce petit nombre qui a le bonheur! Quant aux autres hommes, la nuit stagnante est sur eux.

Les esprits réfléchis usent peu de cette locution : les heureux et les malheureux. Dans ce monde, vestibule d'un autre évidemment, il n'y a pas d'heureux.

La vraie division humaine est celle-ci : les lumineux et les ténébreux.

Diminuer le nombre des ténébreux, augmenter le nombre des lumineux, voilà le but. C'est pourquoi nous crions : enseignement ! science ! apprendre à lire, c'est allumer du feu ; toute syllabe épelée étincelle.

Du reste qui dit lumière ne dit pas nécessairement joie. On souffre dans la lumière ; l'excès brûle. La flamme est ennemie de l'aile. Brûler sans cesser de voler, c'est là le prodige du génie.

Quand vous connaîtrez et quand vous aimerez, vous souffrirez encore. Le jour naît en larmes. Les lumineux pleurent, ne fût-ce que sur les ténébreux.

II

RACINES

L'argot, c'est la langue des ténébreux.

La pensée est émue dans ses plus sombres profondeurs, la philosophie sociale est sollicitée à ses méditations les plus poignantes, en présence de cet énigmatique dialecte à la fois flétri et révolté. C'est là qu'il y a du châtiment visible. Chaque syllabe y a l'air marquée. Les mots de la langue vulgaire y apparaissent comme froncés et racornis sous le fer rouge du bourreau. Quelques-uns semblent fumer encore. Telle phrase vous fait l'effet de l'épaule fleurdelysée d'un voleur brusquement mise à nu. L'idée refuse presque de se laisser exprimer par ces substantifs repris de justice. La métaphore y est parfois si effrontée qu'on sent qu'elle a été au carcan.

Du reste, malgré tout cela et à cause de tout cela, ce patois étrange a de droit son compartiment dans ce grand casier impartial où il y a place pour le liard oxydé comme pour la médaille d'or, et qu'on nomme la littérature. L'argot, qu'on y consente ou non, a sa syntaxe et sa poésie. C'est une langue. Si, à la difformité de certains vocables, on reconnaît qu'elle a été mâchée par Mandrin, à la splendeur de certaines métonymies, on sent que Villon l'a parlée.

Ce vers si exquis et si célèbre :

Mais où sont les neiges d'antan?

est un vers d'argot. Antan — *ante annum* — est un mot de l'argot de Thunes qui signifiait *l'an passé* et par extension *autrefois*. On pouvait encore lire il y a trente-cinq ans, à l'époque du départ de la grande chaîne de 1827, dans un des cachots de Bicêtre, cette maxime gravée au clou sur le mur par un roi de Thunes condamné aux galères : *Les dabs d'antan trimaient siempre pour la pierre du Coësre.* Ce qui veut dire : *les rois d'autrefois allaient toujours se faire sacrer.* Dans la pensée de ce roi-là, le sacre c'était le bagne.

Le mot *décarade*, qui exprime le départ d'une lourde voiture au galop, est attribué à Villon, et il en est digne. Ce mot, qui fait feu des quatre pieds, résume dans une onomatopée magistrale tout l'admirable vers de La Fontaine :

Six forts chevaux tiraient un coche.

Au point de vue purement littéraire, peu d'études seraient plus curieuses et plus fécondes que celle de l'argot. C'est toute une langue dans la langue, une sorte d'excroissance maladive, une greffe malsaine qui a produit une végétation, un parasite qui a ses racines dans le vieux tronc gaulois et dont le feuillage sinistre rampe sur tout un côté de la langue. Ceci est ce qu'on pourrait appeler le premier aspect, l'aspect vulgaire de l'argot. Mais pour ceux qui étudient la langue ainsi qu'il faut l'étudier, c'est-à-dire comme les géologues étudient la terre, l'argot apparaît comme une véritable alluvion. Selon qu'on y creuse plus ou moins avant, on trouve dans l'argot, au-dessous du vieux français populaire, le provençal, l'espagnol, de l'italien, du levantin, cette langue des ports de la Méditerranée, de l'anglais et de l'allemand, du roman dans ses trois variétés, roman français, roman italien, roman roman, du latin, enfin du basque et du celte. Formation profonde et bizarre. Édifice souterrain bâti en commun par tous les misérables. Chaque race maudite a déposé sa couche, chaque souffrance a laissé tomber sa pierre, chaque cœur a donné son caillou. Une foule d'âmes mauvaises, basses ou irritées, qui ont traversé la vie et sont allées s'évanouir dans l'éternité, sont là presque entières et en quelque sorte visibles encore sous la forme d'un mot monstrueux.

Veut-on de l'espagnol? le vieil argot gothique en fourmille. Voici *boffette,* soufflet, qui vient de *bofeton; vantane,* fenêtre (plus tard vanterne), qui vient de *vantana; gat,* chat, qui vient de *gato;* *acite,* huile, qui vient de *aceyte.* Veut-on de l'italien? Voici *spade,* épée, qui vient de *spada;* *carvel,* bateau, qui vient de *caravella.* Veut-on de l'anglais? Voici le *bichot,* l'évêque, qui vient de *bishop;* *raille,* espion, qui vient de *rascal, rascalion,* coquin; *pilche,* étui, qui vient de *pilcher,* fourreau. Veut-on de l'allemand? Voici le *caleur,* le garçon, *kellner;* le *hers,* le maître, *herzog* (duc). Veut-on du latin? Voici *frangir,* casser, *frangere; affurer,* voler, *fur; cadène,* chaîne, *catena;* il y a un mot qui reparaît dans toutes les langues du continent avec une sorte de puissance et d'autorité mystérieuses, c'est le mot *magnus;* l'Écosse en fait son *mac,* qui désigne le chef du clan, Mac-Farlane, Mac-Callummore, le grand Farlane, le grand Callummore (*); l'argot en fait le *meck,* et plus tard, le *meg,* c'est-à-dire Dieu. Veut-on du basque? Voici *gahisto,* le diable, qui vient de *gaïztoa,* mauvais; *sorgabon,* bonne nuit, qui vient de *gabon,* bonsoir. Veut-on du celte? Voici *blavin,* mouchoir, qui vient de *blavet,* eau jaillissante; *ménesse,* femme (en mauvaise part),

---

(*) Il faut observer pourtant que *mac* en celte veut dire fils.

qui vient de *meinec*, plein de pierres; *barant*, ruisseau, de *baranton*, fontaine; *goffeur*, serrurier. de *goff*, forgeron; la *guédouze*, la mort, qui vient de *guenn-du*, blanche-noire. Veut-on de l'histoire enfin? L'argot appelle les écus *les maltèses*, souvenir de la monnaie qui avait cours sur les galères de Malte.

Outre les origines philologiques qui viennent d'être indiquées, l'argot a d'autres racines plus naturelles encore et qui sortent pour ainsi dire de l'esprit même de l'homme.

Premièrement, la création directe des mots. Là est le mystère des langues. Peindre par des mots qui ont, on ne sait comment ni pourquoi, des figures. Ceci est le fond primitif de tout langage humain, ce qu'on en pourrait nommer le granit. L'argot pullule de mots de ce genre, mots immédiats, créés de toute pièce on ne sait où ni par qui, sans étymologies, sans analogies, sans dérivés, mots solitaires, barbares, quelquefois hideux, qui ont une singulière puissance d'expression et qui vivent. — Le bourreau, *le taule;* — la forêt, *le sabri;* — la peur, la fuite, *taf;* — le laquais, *le larbin;* — le général, le préfet, le ministre, *pha-*

ros; — le diable, *le rabouin.* Rien n'est plus étrange que ces mots qui masquent et qui montrent. Quelques-uns, *le rabouin,* par exemple, sont en même temps grotesques et terribles, et vous font l'effet d'une grimace cyclopéenne.

Deuxièmement, la métaphore. Le propre d'une langue qui veut tout dire et tout cacher, c'est d'abonder en figures. La métaphore est une énigme où se réfugie le voleur qui complote un coup, le prisonnier qui combine une évasion. Aucun idiome n'est plus métaphorique que l'argot, — *dévisser le coco,* tordre le cou; — *tortiller,* manger; — *être gerbé,* être jugé; — *un rat,* un voleur de pain; — *il lansquine,* il pleut, vieille figure frappante, qui porte en quelque sorte sa date avec elle, qui assimile les longues lignes obliques de la pluie aux piques épaisses et penchées des lansquenets, et qui fait tenir dans un seul mot la métonymie populaire : *il pleut des hallebardes.* Quelquefois, à mesure que l'argot va de la première époque à la seconde, des mots passent de l'état sauvage et primitif au sens métaphorique. Le diable cesse d'être *le rabouin* et devient *le boulanger,* celui qui enfourne. C'est plus spirituel, mais moins grand;

quelque chose comme Racine après Corneille, comme Euripide après Eschyle. Certaines phrases d'argot qui participent des deux époques et ont à la fois le caractère barbare et le caractère métaphorique, ressemblent à des fantasmagories. — *Les sorgueurs vont sollicer des gails à la lune* (les rôdeurs vont voler des chevaux la nuit). — Cela passe devant l'esprit comme un groupe de spectres. On ne sait ce qu'on voit.

Troisièmement, l'expédient. L'argot vit sur la langue. Il en use à sa fantaisie, il y puise au hasard, et il se borne souvent, quand le besoin surgit, à la dénaturer sommairement et grossièrement. Parfois, avec les mots usuels ainsi déformés, et compliqués de mots d'argot pur, il compose des locutions pittoresques où l'on sent le mélange des deux éléments précédents, la création directe et la métaphore : — *le cab jaspine, je marronne que la roulotte de Pantin trime dans le sabri,* le chien aboie, je soupçonne que la diligence de Paris passe dans le bois. — *Le dab est sinve, la dabuge est merloussière, la féc est bative,* le bourgeois est bête, la bourgeoise est rusée, la fille est jolie. — Le plus souvent, afin de dérouter les écouteurs, l'argot se borne à ajouter indistinctement à tous les mots de la langue une sorte de queue ignoble, une terminaison en aille, en orgue, en iergue, ou en uche. Ainsi : *Vouziergue trouvaille bonorgue ce gigotmuche?* Trouvez-vous ce gigot bon? Phrase adressée par Cartouche à un guichetier, afin de savoir si la somme offerte pour l'évasion lui convenait. — La terminaison en *mar* a été ajoutée assez récemment.

L'argot étant l'idiome de la corruption, se corrompt vite. En outre, comme il cherche toujours à se dérober, sitôt qu'il se sent compris, il se transforme. Au rebours de toute autre végétation, tout rayon de jour y tue ce qu'il touche. Aussi l'argot va-t-il se décomposant et se recomposant sans cesse; travail obscur et rapide qui ne s'arrête jamais. Il fait plus de chemin en dix ans que la langue en dix siècles. Ainsi le larton (*) devient le lartif; le gail (**) devient le gaye; la fertanche (***), la fertille; le momignard, le mo-

(*) Pain.
(**) Cheval.
(***) Paille.

macque; les fiques (*), les frusques; la chique (**), l'égrugeoir; le colabre (***), le colas. Le diable est d'abord gahisto, puis le rabouin, puis le boulanger; le prêtre est le ratichon, puis le sanglier; le poignard est le vingt-deux, puis le surin, puis le lingre; les gens de police sont des railles, puis des roussins, puis des rousses, puis des marchands de lacets, puis des coqueurs, puis des cognes; le bourreau est le Taule, puis Charlot, puis l'atigeur, puis le becquillard. Au dix-septième siècle, se battre, c'était *se donner du tabac;* au dix-neuvième, c'est *se chiquer la gueule.* Vingt locutions différentes ont passé entre ces deux extrêmes. Cartouche parlerait hébreu pour Lacenaire. Tous les mots de cette langue sont perpétuellement en fuite comme les hommes qui les prononcent.

Cependant, de temps en temps, et à cause de ce mouvement même, l'ancien argot reparaît et redevient nouveau. Il a ses chefs-lieux où il se maintient. Le Temple conservait l'argot du dix-septième

(*) Hardes.
(**) L'église.
(***) Le cou.

siècle; Bicêtre, lorsqu'il était prison, conservait l'argot de Thunes. On y entendait la terminaison en *anche* des vieux thuneurs. *Boyanches-tu* (bois-tu?)? *il croyanche* (il croit). Mais le mouvement perpétuel n'en reste pas moins la loi.

Si le philosophe parvient à fixer un moment, pour l'observer, cette langue qui s'évapore sans cesse, il tombe dans de douloureuses et utiles méditations. Aucune étude n'est plus efficace et plus féconde en enseignements. Pas une métaphore, pas une étymologie de l'argot qui ne contienne une leçon. — Parmi ces hommes, *battre* veut dire *feindre;* on bat une maladie; la ruse est leur force.

Pour eux l'idée de l'homme ne se sépare pas de l'idée de l'ombre. La nuit se dit *la sorgue;* l'homme, *l'orgue.* L'homme est un dérivé de la nuit.

Ils ont pris l'habitude de considérer la société comme une atmosphère qui les tue, comme une force fatale, et ils parlent de leur liberté comme on parlerait de sa santé. Un homme arrêté est un *malade;* un homme condamné est un *mort.*

Ce qu'il y a de plus terrible pour le prisonnier dans les quatre murs de pierre qui l'ensevelissent, c'est une sorte de chasteté glaciale ; il appelle le cachot, le *castus*. — Dans ce lieu funèbre, c'est toujours sous son aspect le plus riant que la vie extérieure apparaît. Le prisonnier a des fers aux pieds ; vous croyez peut-être qu'il songe que c'est avec les pieds qu'on marche ? non, il songe que c'est avec les pieds qu'on danse ; aussi, qu'il parvienne à scier ses fers, sa première idée est que maintenant il peut danser, et il appelle la scie un *bastringue*. — Un *nom* est un *centre* ; profonde assimilation. Le bandit a deux têtes, l'une qui raisonne ses actions et le mène pendant toute sa vie, l'autre qu'il a sur ses épaules le jour de sa mort ; il appelle la tête qui lui conseille le crime, la *sorbonne*, et la tête qui l'expie, la *tronche*. — Quand un homme n'a plus que des guenilles sur le corps et des vices dans le cœur, quand il est arrivé à cette double dégradation matérielle et morale que caractérise dans ses deux acceptions le mot *gueux*, il est à point pour le crime ; il est comme un couteau bien affilé ; il a deux tranchants, sa détresse et sa méchanceté ; aussi l'argot ne dit pas « un gueux ; » il dit un *réguisé*. — Qu'est-ce que le bagne ? un brasier de damnation, un enfer. Le forçat s'appelle *un fagot*. — Enfin, quel nom les malfaiteurs donnent-ils à la prison? *le collége*. Tout un système pénitentiaire peut sortir de ce mot.

Veut-on savoir où sont écloses la plupart des chansons de bagne, ces refrains appelés dans le vocabulaire spécial les *lirlonfa*? Qu'on écoute ceci :

Il y avait au Châtelet de Paris une grande cave longue. Cette cave était à huit pieds en contre-bas au-dessous du niveau de la Seine. Elle n'avait ni fenêtres ni soupiraux, l'unique ouverture était la porte; les hommes pouvaient y entrer, l'air non. Cette cave avait pour plafond une voûte de pierre et pour plancher dix pouces de boue. Elle avait été dallée; mais, sous le suintement des eaux, le dallage s'était pourri et crevassé. A huit pieds au-dessus du sol, une longue poutre massive traversait ce souterrain de part en part; de cette poutre tombaient, de distance en distance, des chaînes de trois pieds de long, et à l'extrémité de ces chaînes il y avait des carcans. On mettait dans cette cave les hommes condamnés aux galères jusqu'au jour du départ pour Toulon. On les poussait sous cette poutre où chacun avait son ferrement oscillant dans les ténèbres, qui l'attendait. Les chaînes, ces bras pendants, et les carcans, ces mains ouvertes, prenaient ces misérables par le cou. On les rivait, et on les laissait là. La chaîne étant trop courte, ils ne pouvaient se coucher. Ils restaient immobiles dans cette cave, dans cette nuit, sous cette poutre, presque pendus, obligés à des efforts inouïs pour atteindre au pain ou à la cruche, la voûte sur la tête, la boue jusqu'à mi-jambe, leurs excréments coulant sur leurs jarrets, écartelés de fatigue, ployant aux hanches et aux genoux, s'accrochant par les mains à la chaîne pour se reposer, ne pouvant dormir que debout, et réveillés à chaque instant par l'étranglement du carcan; quelques-uns ne se réveillaient pas. Pour manger, ils faisaient monter avec leur talon le long de leur tibia jusqu'à leur main leur pain qu'on leur jetait dans la boue. Combien de temps demeuraient-ils ainsi? Un mois, deux mois, six mois quelquefois; un resta une année. C'était l'antichambre des galères. On était mis là pour un lièvre volé au roi. Dans ce sépulcre-enfer, que faisaient-ils? Ce qu'on peut faire dans un sépulcre, ils agonisaient, et ce qu'on peut faire dans un enfer, ils chantaient. Car où il n'y a plus l'espérance, le chant reste. Dans les eaux de Malte, quand une galère approchait, on entendait le chant avant d'entendre les rames. Le pauvre braconnier Survincent qui avait traversé la prison-cave du Châtelet disait : *Ce sont les rimes qui m'ont soutenu.* Inutilité de la poésie. A quoi bon la rime ? C'est dans cette cave que sont nées presque toutes les chansons d'argot. C'est du cachot du Grand-Châtelet de Paris que vient le mélancolique refrain de la galère de Montgomery : *Timaloumisaine, timoulamison.* La plupart de ces chansons sont lugubres ; quelques-unes sont gaies ; une est tendre :

> Icicaille est le théâtre
> Du petit dardant (*).

Vous aurez beau faire, vous n'anéantirez pas cet éternel reste du cœur de l'homme, l'amour.

Dans ce monde des actions sombres, on se garde le secret. Le secret, c'est la chose de tous. Le se-

---

(*) Archer. Cupidon.

cret, pour ces misérables, c'est l'unité qui sert de base à l'union. Rompre le secret, c'est arracher à chaque membre de cette communauté farouche quelque chose de lui-même. Dénoncer, dans l'énergique langue d'argot, cela se dit : *Manger le morceau.* Comme si le dénonciateur tirait à lui un peu de la substance de tous et se nourrissait d'un morceau de la chair de chacun.

Qu'est-ce que recevoir un soufflet? La métaphore banale répond : *C'est voir trente-six chandelles.* Ici l'argot intervient, et reprend : *Chandelle, camoufle.* Sur ce, le langage usuel donne au soufflet pour synonyme *camouflet.* Ainsi, par une sorte de pénétration de bas en haut, la métaphore, cette trajectoire incalculable, aidant, l'argot monte de la caverne à l'académie; et Poulailler disant : *J'allume ma camoufle,* fait écrire à Voltaire : *Langleviel La Beaumelle mérite cent camouflets.*

Une fouille dans l'argot, c'est la découverte à chaque pas. L'étude et l'approfondissement de cet étrange idiome mènent au mystérieux point d'intersection de la société régulière avec la société maudite.

Le voleur a lui aussi sa chair à canon, la matière volable, vous, moi, quiconque passe; le *pantre*. (*Pan*, tout le monde.)

L'argot, c'est le verbe devenu forçat.

Que le principe pensant de l'homme puisse être refoulé si bas, qu'il puisse être traîné et garrotté là par les obscures tyrannies de la fatalité, qu'il puisse être lié à on ne sait quelles attaches dans ce précipice, cela consterne.

O pauvre pensée des misérables!

Hélas! personne ne viendra-t-il au secours de l'âme humaine dans cette ombre? Sa destinée est-elle d'y attendre à jamais l'esprit, le libérateur, l'immense chevaucheur des pégases et des hippogriffes, le combattant couleur d'aurore qui descend de l'azur entre deux ailes, le radieux chevalier de l'avenir? Appellera-t-elle toujours en vain à son secours la lance de lumière de l'idéal? est-elle condamnée à entendre venir épouvantablement dans l'épaisseur du gouffre le Mal, et à entrevoir, de plus en plus près d'elle, sous l'eau hideuse, cette tête draconienne, cette gueule mâchant l'écume, et cette ondulation serpentante de griffes, de gonflements et d'anneaux? Faut-il qu'elle reste là, sans une lueur, sans espoir, livrée à cette approche formidable, vaguement flairée du monstre, frissonnante, échevelée, se tordant les bras, à jamais enchaînée au rocher de la nuit, sombre Andromède blanche et nue dans les ténèbres !

III

ARGOT QUI PLEURE ET ARGOT QUI RIT

Comme on le voit, l'argot tout entier, l'argot d'il y a quatre cents ans comme l'argot d'aujourd'hui, est pénétré de ce sombre esprit symbolique qui donne à tous les mots tantôt une allure dolente, tantôt un air menaçant. On y sent la vieille tristesse farouche de ces truands de la Cour des Miracles qui jouaient aux cartes avec des jeux à eux, dont quelques-uns nous ont été conservés. Le huit de trèfle, par exemple, représentait un grand arbre portant huit énormes feuilles de trèfle, sorte de personnification fantastique de la forêt. Au pied de cet arbre on voyait un feu allumé où trois lièvres faisaient rôtir un chasseur à la broche, et derrière, sur un autre feu, une marmite fumante d'où sortait la tête d'un chien. Rien de plus lugubre que ces représailles en peinture, sur un jeu de cartes, en présence des bûchers à rôtir les contrebandiers et de la chaudière à bouillir les faux-monnayeurs. Les diverses formes que prenait la pensée dans le royaume d'argot, même la chanson, même la raillerie, même la menace, avaient toutes ce caractère impuissant et accablé. Tous les chants, dont quelques mélodies ont été recueillies, étaient humbles et lamentables à pleurer. Le pègre s'appelle *le pauvre pègre*, et il est toujours le lièvre qui se cache, la souris qui se sauve, l'oiseau qui s'enfuit. A peine réclame-t-il, il se borne à soupirer; un de ses gémissements est venu jusqu'à nous : — *Je n'entrave que le dail comment meck, le daron des orgues, peut atiger ses mômes et ses momignards et les locher criblant sans être agité lui-même* (*). — Le misé-

(*) Je ne comprends pas comment Dieu, le père des hommes, peut torturer ses enfants et ses petits-enfants et les entendre crier sans être torturé lui-même.

rable, toutes les fois qu'il a le temps de penser, se fait petit devant la loi et chétif devant la société ; il se couche à plat ventre, il supplie, il se tourne du côté de la pitié ; on sent qu'il se sait dans son tort.

Vers le milieu du dernier siècle, un changement se fit. Les chants de prisons, les ritournelles de voleurs prirent, pour ainsi parler, un geste insolent et jovial. Le plaintif *maluré* fut remplacé par *larifla*. On retrouve au dix-huitième siècle, dans presque toutes les chansons des galères, des bagnes et des chiourmes, une gaieté diabolique et énigmatique. On y entend ce refrain strident et sautant qu'on dirait éclairé d'une lueur phosphorescente et qui semble jeté dans la forêt par un feu follet jouant du fifre :

> Mirlababi surlababo
> Mirliton ribonribette
> Surlababi mirlababo
> Mirliton ribonribo.

Cela se chantait en égorgeant un homme dans une cave ou au coin d'un bois.

Symptôme sérieux. Au dix-huitième siècle l'antique mélancolie de ces classes mornes se dissipe. Elles se mettent à rire. Elles raillent le grand meg et le grand dab. Louis XV étant donné, elles appellent le roi de France « le marquis de Pantin. » Les voilà presque gaies. Une sorte de lumière légère sort de ces misérables comme si la conscience ne leur pesait plus. Ces lamentables tribus de l'ombre n'ont plus seulement l'audace désespérée des actions, elles ont l'audace insouciante de l'esprit. Indice qu'elles perdent le sentiment de leur criminalité, et qu'elles se sentent jusque parmi les penseurs et les songeurs je ne sais quels appuis qui s'ignorent eux-mêmes. Indice que le vol et le pillage commencent à s'infiltrer jusque dans des doctrines et des sophismes, de manière à perdre un peu de leur laideur en en donnant beaucoup aux sophismes et aux doctrines. Indice enfin, si aucune diversion ne surgit, de quelque éclosion prodigieuse et prochaine.

Arrêtons-nous un moment. Qui accusons-nous ici? est-ce le dix-huitième siècle? est-ce sa philosophie? Non certes. L'œuvre du dix-huitième siècle est saine et bonne. Les encyclopédistes, Diderot en tête, les physiocrates, Turgot en tête, les philosophes, Voltaire en tête, les utopistes, Rousseau en tête ; ce sont là quatre légions sacrées. L'immense avance de l'humanité vers la lumière leur est due. Ce sont les quatre avant-gardes du genre humain allant aux quatre points cardinaux du progrès, Diderot vers le beau, Turgot vers l'utile, Voltaire vers le vrai, Rousseau vers le juste. Mais à côté et au-dessous des philosophes, il y avait les sophistes, végétation vénéneuse mêlée à la croissance salubre, ciguë dans la forêt vierge. Pendant que le bourreau brûlait sur le maître-escalier du palais de justice les grands livres libérateurs du siècle, des écrivains aujourd'hui oubliés publiaient, avec privilége du roi, on ne sait quels écrits étrangement désorganisateurs, avidement lus des misérables. Quelques-unes de ces publications, détail bizarre, patronnées par un prince, se retrouvent dans la *Bibliothèque secrète*. Ces faits, profonds mais ignorés, étaient inaperçus à la surface. Parfois c'est l'obscurité même d'un fait qui est son danger. Il est obscur parce qu'il est souterrain. De tous les écrivains, celui peut-être qui creusa alors dans les masses la galerie la plus malsaine, c'est Restif de La Bretonne.

Ce travail, propre à toute l'Europe, fit plus de ravage en Allemagne que partout ailleurs. En Allemagne, pendant une certaine période, résumée par Schiller dans son drame fameux *les Brigands,* le vol et le pillage s'érigeaient en protestation contre la propriété et le travail, s'assimilaient de certaines idées élémentaires, spécieuses et fausses, justes en apparence, absurdes en réalité, s'enveloppaient de ces idées, y disparaissaient en quelque sorte, prenaient un nom abstrait et passaient à l'état de théorie, et de cette façon circulaient dans les foules laborieuses, souffrantes et honnêtes, à l'insu même des chimistes imprudents qui avaient préparé la mixture, à l'insu même des masses qui l'acceptaient. Toutes les fois qu'un fait de ce genre se produit, il est grave. La souffrance engendre la colère; et tandis que les classes prospères s'aveuglent, ou s'endorment, ce qui est toujours fermer les yeux, la haine des classes malheureuses allume sa torche à quelque esprit chagrin ou mal fait qui rêve dans un coin, et elle se met à examiner la société. L'examen de la haine, chose terrible !

De là, si le malheur des temps le veut, ces effrayantes commotions qu'on nommait jadis *jac-*

queries, près desquelles les agitations purement politiques sont jeux d'enfants, qui ne sont plus la lutte de l'opprimé contre l'oppresseur, mais la révolte du malaise contre le bien-être. Tout s'écroule alors.

Les jacqueries sont des tremblements de peuple.

C'est à ce péril, imminent peut-être en Europe vers la fin du dix-huitième siècle, que vint couper court la révolution française, cet immense acte de probité.

La révolution française, qui n'est pas autre chose que l'idéal armé du glaive, se dressa, et, du même mouvement brusque, ferma la porte du mal et ouvrit la porte du bien.

Elle dégagea la question, promulgua la vérité, chassa le miasme, assainit le siècle, couronna le peuple.

On peut dire d'elle qu'elle a créé l'homme une deuxième fois, en lui donnant une seconde âme, le droit.

Le dix-neuvième siècle hérite et profite de son œuvre, et aujourd'hui la catastrophe sociale que nous indiquions tout à l'heure est simplement impossible. Aveugle qui la dénonce! niais qui la redoute! la révolution est la vaccine de la jacquerie.

Grâce à la révolution, les conditions sociales sont changées. Les maladies féodales et monarchiques ne sont plus dans notre sang. Il n'y a plus de moyen âge dans notre constitution. Nous ne sommes plus aux temps où d'effroyables fourmillements intérieurs faisaient irruption, où l'on entendait sous ses pieds la course obscure d'un bruit sourd, où apparaissaient à la surface de la civilisation on ne sait quels soulèvements de galeries de taupes, où le sol se crevassait, où le dessus des cavernes s'ouvrait, et où l'on voyait tout à coup sortir de terre des têtes monstrueuses.

Le sens révolutionnaire est un sens moral. Le sentiment du droit, développé, développe le sentiment du devoir. La loi de tous, c'est la liberté, qui finit où commence la liberté d'autrui, selon l'admirable définition de Robespierre. Depuis 89, le peuple tout entier se dilate dans l'individu sublimé; il n'y a pas de pauvre qui, ayant son droit, n'ait son rayon; le meurt-de-faim sent en lui l'honnêteté de la France; la dignité du citoyen est une armure intérieure; qui est libre est scrupuleux; qui vote règne. De là l'incorruptibilité; de là l'avortement des convoitises malsaines ; de là les yeux héroïquement baissés devant les tentations. L'assainissement révolutionnaire est tel qu'un jour de délivrance, un 14 juillet, un 10 août, il n'y a plus de populace. Le premier cri des foules illuminées et grandissantes c'est : mort aux voleurs ! Le progrès est honnête homme ; l'idéal et l'absolu ne font pas le mouchoir. Par qui furent escortés en 1848 les fourgons qui contenaient les richesses des Tuileries ? par les chiffonniers du faubourg Saint-Antoine. Le haillon monta la garde devant le trésor. La vertu fit ces déguenillés resplendissants. Il y avait là, dans ces fourgons, dans des caisses à peine fermées, quelques-unes même entr'ouvertes, parmi cent écrins éblouissants, cette vieille couronne de France toute en diamants, surmontée de l'escarboucle de la royauté, du régent, qui valait trente millions. Ils gardaient, pieds nus, cette couronne.

Donc plus de jacquerie. J'en suis fâché pour les habiles. C'est là de la vieille peur qui a fait son dernier effet et qui ne pourrait plus désormais être employée en politique. Le grand ressort du spectre rouge est cassé. Tout le monde le sait maintenant.

L'épouvantail n'épouvante plus. Les oiseaux prennent des familiarités avec le mannequin, les stercoraires s'y posent, les bourgeois rient dessus.

IV

LES DEUX DEVOIRS : VEILLER ET ESPERER

Cela étant, tout danger social est-il dissipé? non certes. Point de jacquerie. La société peut se rassurer de ce côté; le sang ne lui portera plus à la tête, mais qu'elle se préoccupe de la façon dont elle respire. L'apoplexie n'est plus à craindre, mais la phthisie est là. La phthisie sociale s'appelle misère.

On meurt miné aussi bien que foudroyé.

Ne nous lassons pas de le répéter, songer avant tout aux foules déshéritées et douloureuses, les soulager, les aérer, les éclairer, les aimer, leur élargir magnifiquement l'horizon, leur prodiguer sous toutes

les formes l'éducation, leur offrir l'exemple du labeur, jamais l'exemple de l'oisiveté, amoindrir le poids du fardeau individuel en accroissant la notion du but universel, limiter la pauvreté sans limiter la richesse, créer de vastes champs d'activité publique et populaire, avoir comme Briarée cent mains à tendre de toutes parts aux accablés et aux faibles, employer la puissance collective à ce grand devoir d'ouvrir des ateliers à tous les bras, des écoles à toutes les aptitudes et des laboratoires à toutes les intelligences, augmenter le salaire, diminuer la peine, balancer le doit et l'avoir, c'est-à-dire proportionner la jouissance à l'effort et l'assouvissement au besoin, en un mot, faire dégager à l'appareil social, au profit de ceux qui souffrent et de ceux qui ignorent, plus de clarté et plus de bien-être, c'est là, que les âmes sympathiques ne l'oublient pas, la première des obligations fraternelles, c'est là, que les cœurs égoïstes le sachent, la première des nécessités politiques.

Et, disons-le, tout cela, ce n'est encore qu'un commencement. La vraie question, c'est celle-ci : le travail ne peut être une loi sans être un droit.

Nous n'insistons pas, ce n'est point ici le lieu.

Si la nature s'appelle providence, la société doit s'appeler prévoyance.

La croissance intellectuelle et morale n'est pas moins indispensable que l'amélioration matérielle. Savoir est un viatique, penser est de première nécessité, la vérité est nourriture comme le froment. Une raison, à jeun de science et de sagesse, maigrit. Plaignons, à l'égal des estomacs, les esprits qui ne mangent pas. S'il y a quelque chose de plus poignant qu'un corps agonisant faute de pain, c'est une âme qui meurt de la faim de la lumière.

Le progrès tout entier tend du côté de la solution. Un jour on sera stupéfait. Le genre humain montant, les couches profondes sortiront tout naturellement de la zone de détresse. L'effacement de la misère se fera par une simple élévation de niveau.

Cette solution bénie, on aurait tort d'en douter.

Le passé, il est vrai, est très-fort à l'heure où nous sommes. Il reprend. Ce rajeunissement d'un cadavre est surprenant. Le voici qui marche et qui vient. Il semble vainqueur; ce mort est un conquérant. Il arrive avec sa légion, les superstitions, avec son épée, le despotisme, avec son drapeau, l'ignorance; depuis quelque temps il a gagné dix batailles. Il avance, il menace, il rit, il est à nos portes. Quant à nous, ne désespérons pas. Vendons le champ où campe Annibal.

Nous qui croyons, que pouvons-nous craindre?

Il n'y a pas plus de reculs d'idées que de reculs de fleuves.

Mais que ceux qui ne veulent pas de l'avenir y réfléchissent. En disant non au progrès, ce n'est point l'avenir qu'ils condamnent, c'est eux-mêmes. Ils se donnent une maladie sombre ; ils s'inoculent le passé. Il n'y a qu'une manière de refuser Demain, c'est de mourir.

Or, aucune mort, celle du corps le plus tard possible, celle de l'âme jamais, c'est là ce que nous voulons.

Oui, l'énigme dira son mot, le sphinx parlera, le problème sera résolu. Oui, le peuple, ébauché par le dix-huitième siècle, sera achevé par le dix-neuvième. Idiot qui en douterait ! L'éclosion future, l'éclosion prochaine du bien-être universel, est un phénomène divinement fatal.

D'immenses poussées d'ensemble régissent les faits humains et les amènent tous dans un temps donné à l'état logique, c'est-à-dire à l'équilibre ; c'est-à-dire à l'équité. Une force composée de terre et de ciel résulte de l'humanité et la gouverne ; cette force-là est une faiseuse de miracles ; les dénoûments merveilleux ne lui sont pas plus difficiles que les péripéties extraordinaires. Aidée de la science qui vient de l'homme et de l'événement qui vient d'un autre, elle s'épouvante peu de ces contradictions dans la pose des problèmes, qui semblent au vulgaire impossibilités. Elle n'est pas moins habile à faire jaillir une solution du rapprochement des idées qu'un enseignement du rapprochement des faits, et l'on peut s'attendre à tout de la part de cette mystérieuse puissance du progrès qui, un beau jour, confronte l'Orient et l'Occident au fond d'un sépulcre et fait dialoguer les imans avec Bonaparte dans l'intérieur de la grande pyramide.

En attendant, pas de halte, pas d'hésitation, pas de temps d'arrêt dans la grandiose marche en avant des esprits. La philosophie sociale est essentiellement la science et la paix. Elle a pour but et doit avoir pour résultat de dissoudre les colères par l'étude des antagonismes. Elle examine, elle scrute, elle analyse ; puis elle recompose. Elle procède par voie de réduction, retranchant de tout la haine.

Qu'une société s'abîme au vent qui se déchaîne

sur les hommes, cela s'est vu plus d'une fois ; l'histoire est pleine de naufrages de peuples et d'empires ; mœurs, lois, religions, un beau jour, cet inconnu, l'ouragan, passe et emporte tout cela. Les civilisations de l'Inde, de la Chaldée, de la Perse, de l'Assyrie, de l'Égypte, ont disparu l'une après l'autre. Pourquoi? nous l'ignorons. Quelles sont les causes de ces désastres? nous ne le savons pas. Ces sociétés auraient-elles pu être sauvées? y a-t-il de leur faute? se sont-elles obstinées dans quelque vice fatal qui les a perdues? quelle quantité de suicide y a-t-il dans ces morts terribles d'une nation et d'une race? Questions sans réponse. L'ombre couvre les civilisations condamnées. Elles faisaient eau puisqu'elles s'engloutissent ; nous n'avons rien de plus à dire ; et c'est avec une sorte d'effarement que nous regardons, au fond de cette mer qu'on appelle le passé, derrière ces vagues colossales, les siècles, sombrer ces immenses navires, Babylone, Ninive, Tarse, Thèbes, Rome, sous le souffle effrayant qui sort de toutes les bouches des ténèbres. Mais ténèbres là, clarté ici. Nous ignorons les maladies des civilisations antiques, nous connaissons les infirmités de la nôtre. Nous avons partout sur elle le droit de lumière ; nous contemplons ses beautés et nous mettons à nu ses difformités. Là où elle a mal, nous sondons ; et, une fois la souffrance constatée, l'étude de la cause mène à la découverte du remède. Notre civilisation, œuvre de vingt siècles, en est à la fois le monstre et le prodige ; elle vaut la peine d'être sauvée. Elle le sera. La soulager, c'est déjà beaucoup ; l'éclairer, c'est encore quelque chose. Tous les travaux de la philosophie sociale moderne doivent converger vers ce but. Le penseur aujourd'hui a un grand devoir, ausculter la civilisation.

Nous le répétons, cette auscultation encourage ; et c'est par cette insistance dans l'encouragement que nous voulons finir ces quelques pages, entr'acte austère d'un drame douloureux. Sous la mortalité sociale on sent l'impérissabilité humaine. Pour avoir çà et là ces plaies, les cratères, et ces dartres, les solfatares, pour un volcan qui aboutit et qui jette son pus, le globe ne meurt pas. Des maladies de peuple ne tuent pas l'homme.

Et néanmoins, quiconque suit la clinique sociale hoche la tête par instants. Les plus forts, les plus tendres, les plus logiques ont leurs heures de défaillance.

L'avenir arrivera-t-il? il semble qu'on peut presque se faire cette question quand on voit tant d'ombre terrible. Sombre face-à-face des égoïstes et des misérables. Chez les égoïstes, les préjugés, les ténèbres de l'éducation riche, l'appétit croissant par l'enivrement, un étourdissement de prospérité qui assourdit, la crainte de souffrir qui, dans quelques-uns, va jusqu'à l'aversion des souffrants, une satisfaction implacable, le moi si enflé qu'il ferme l'âme ; chez les misérables, la convoitise, l'envie, la haine de voir les autres jouir, les profondes secousses de la bête humaine vers les assouvissements, les cœurs pleins de brume, la tristesse, le besoin, la fatalité, l'ignorance impure et simple.

Faut-il continuer de lever les yeux vers le ciel? le point lumineux qu'on y distingue est-il de ceux qui s'éteignent? L'idéal est effrayant à voir ainsi perdu dans les profondeurs, petit, isolé, imperceptible, brillant, mais entouré de toutes ces grandes menaces noires monstrueusement amoncelées autour de lui; pourtant pas plus en danger qu'une étoile dans les gueules des nuages.

FIN DU TOME SEPTIÈME

TABLE

TABLE

DU TOME SEPTIÈME

QUATRIÈME PARTIE

L'IDYLLE RUE PLUMET
ET L'ÉPOPÉE RUE SAINT-DENIS.

—

LIVRE PREMIER

QUELQUES PAGES D'HISTOIRE

i. Bien coupé. 5
ii. Mal cousu 17

III.	Louis-Philippe.	25
IV.	Lézardes sous la fondation.	41
V.	Faits d'où l'histoire sort et que l'histoire ignore.	57
VI.	Enjolras et ses lieutenants.	81

LIVRE DEUXIÈME

ÉPONINE

I.	Le Champ de l'Alouette.	93
II.	Formation embryonnaire des crimes dans l'incubation des prisons.	105
III.	Apparition au père Mabeuf	115
IV.	Apparition à Marius.	125

LIVRE TROISIÈME

LA MAISON DE LA RUE PLUMET

I.	La maison à secret	137
II.	Jean Valjean garde national	147
III.	*Foliis ac frondibus*.	153
IV.	Changement de grille	161

v. La rose s'aperçoit qu'elle est une machine de
guerre. 171
vi. La bataille commence 181
vii. A tristesse, tristesse et demic. 189
viii. La cadène 201

LIVRE QUATRIEME

SECOURS D'EN BAS PEUT ÎTRE SECOURS D'EN HAUT

i. Blessure au dehors, guérison au dedans. . . . 223
ii. La mère Plutarque n'est pas embarrassée pour
expliquer un phénomène. 229

LIVRE CINQUIÈME

DONT LA FIN NE RESSEMBLE PAS AU COMMENCEMENT

i. La solitude et la caserne combinées. 247
ii. Peurs de Cosette. 251
iii. Enrichies des commentaires de Toussaint. . . 259
iv. Un cœur sous une pierre 265
v. Cosette après la lettre 275
vi. Les vieux sont faits pour sortir à propos . . . 281

LIVRE SIXIÈME

LE PETIT GAVROCHE

i.	Méchante espièglerie du vent.	291
ii.	Où le petit Gavroche tire parti de Napoléon le Grand.	299
iii.	Les péripéties de l'évasion.	345

LIVRE SEPTIÈME

L'ARGOT

i.	Origine.	375
ii.	Racines.	394
ii.	Argot qui pleure et argot qui rit.	409
iv.	Les deux devoirs : Veiller et espérer	419

Publications de A. Lacroix, Verboeckhoven & C⁰.

HISTOIRE

G. BANCROFT.
Histoire des États-Unis d'Amérique.

J.-L. MOTLEY.
La Révolution des Pays-Bas au XVIᵉ siècle.

W. PRESCOTT.
Histoire du règne de Philippe II.
Histoire de Ferdinand et d'Isabelle.
Histoire de la Conquête du Pérou.
Histoire de la Conquête du Mexique.
Essais et mélanges historiques.

W. IRVING.
Histoire de la Conquête de Grenade.
Vie de Christophe Colomb.

HERDER.
Philosophie de l'Histoire de l'Humanité.

GERVINUS.
Introduction à l'Histoire du XIXᵉ siècle.

MOMMSEN.
Histoire romaine.

G. GROTE.
Histoire de la Grèce.

ROBERT PEEL.
Mémoires.

A. BOUGEART.
Danton.

CH. POTVIN.
Albert et Isabelle.

H. LUCAS.
Histoire du Théâtre-Français.

PHILOSOPHIE

P. DE MARNIX.
Le Tableau des Différends de la Religion.
Le Bijenkorf.
Écrits politiques et historiques.
Correspondance et mélanges.

C.-H. DE SAINT SIMON.
Œuvres choisies.

P.-J. PROUDHON.
Théorie de l'Impôt.
La Guerre et la Paix.

P. LARROQUE.
Examen critique des doctrines de la Religion chrétienne.
Rénovation religieuse.

LITTÉRATURE

Niebelungen (le poème des).

A. DE HUMBOLDT.
Correspondance avec Varnhagen d'Ense.

A. LACROIX.
De l'influence de Shakespeare sur le Théâtre français.

CH. POTVIN.
Le Roman du Renard.

C. L. CHASSIN.
Alexandre Petœfi, le poète de la Révolution hongroise.

BOICHOT.
Le Livre des Connaissances Utiles.

CROW ET CAVALCASELLE.
Les Anciens Peintres Flamands.

www.ingramcontent.com/pod-product-compliance
Lightning Source LLC
Chambersburg PA
CBHW050909230426
43666CB00010B/2087